dtv

Verrauchte Wetthallen, süchtige, verarmte Zocker, gequälte Pferde – wer kennt dieses Klischee nicht. Zwei Journalisten räumen auf damit. Befähigt durch beinahe lebenslange Recherchen entwerfen sie ein ganz anderes Bild von der Welt der Pferderennen: frische Luft, Leidenschaft, großer Sport. Sie berichten von berühmten Rennpferden, lustigen Zockern und von der einzigartigen Möglichkeit, auf der Rennbahn den Alltag zu vergessen. Auch sie können nicht verraten, wie man ohne Glück gewinnt, aber sie wissen, daß die Rennbahn eine wundervolle Schule für das Verlieren ist – und das ist für den Rest des Lebens nicht die schlechteste Fähigkeit.

Stephan Lebert, geboren 1961, war Reporter bei der ›Süddeutschen Zeitung‹, seit Sommer 1999 ist er Redakteur beim ›Tagesspiegel‹ in Berlin. 1998 gewann er den Egon-Erwin-Kisch-Preis.

Harry Nutt, geboren 1959, ist seit 1999 Feuilletonchef der ›Frankfurter Rundschau‹. Pferde, Wetten und Rennen sind nicht nur sein Hobby: Zwischen 1990 und 1993 war Nutt Chefredakteur der Traber-Fachblätter ›Trab‹ und ›Traber aktuell‹.

Stephan Lebert
Harry Nutt

Pferderennen

Kleine Philosophie der Passionen

Deutscher Taschenbuch Verlag

Originalausgabe
November 2000
© Deutscher Taschenbuch Verlag GmbH & Co. KG, München
www.dtv.de
Das Werk ist urheberrechtlich geschützt.
Sämtliche, auch auszugsweise Verwertungen bleiben vorbehalten.
Umschlagkonzept: Balk & Brumshagen
Umschlagbild: © Alfons Holtgreve
Satz: Design-Typo-Print GmbH, Ismaning
Gesetzt aus der Bodoni Book 12/14 Punkt (QuarkXPress 3.32 Mac)
Druck und Bindung: C. H. Beck'sche Buchdruckerei, Nördlingen
Gedruckt auf säurefreiem, chlorfrei gebleichtem Papier
Printed in Germany · ISBN 3-423-20418-4

Inhalt

Warum zum Teufel machen wir das?

Ein Gespräch über das Glück im Angesicht des ersten Rennens

Lebert: Nach dem Rennen ist vor dem Rennen, könnte man in Abwandlung eines Satzes von Sepp Herberger sagen. Aber in der Realität wollen wir Rennbahner unmittelbar nach dem Rennen nichts von Niederlagen des Tages wissen. Das meiste behalten wir für uns, und den anderen Leuten kommt unser Tun ohnehin eigenartig vor.

Nutt: Stimmt. Die Leute verändern immer ihren Tonfall, wenn sie die Frage stellen, ob wir denn auch wetten. Es ist so eine Mischung aus Ironie und Neugier. Und ein klein wenig Empörung ist auch stets dabei. Genau genommen ist es ja auch keine Frage. Es kommen danach sofort einige Zusatzfragen, schon um das Gespräch in Gang zu halten.

Lebert: Am Anfang wollen sie nur wissen: Und wieso gehen Sie auf die Rennbahn, wieso machen Sie das?

Nutt: Dann kommt: Und wetten Sie auch? Haben Sie schon mal etwas gewonnen?

Lebert: Dann: Gewinnt man mehr oder verliert man mehr? Bekommen Sie denn so richtige Insidertipps? Kennen Sie sich richtig aus?

Nutt: Und wenn man wortlos nickt, macht man sich gleich verdächtig, ein bisschen verrückt zu sein. Eine

7

Variante ist noch: Ich kenne jemanden, der hat sein Haus auf der Rennbahn verloren. Wie ist das bei Ihnen? Ist Wetten eine Sucht?

Lebert: Und am Ende kommt dann das Allerschlimmste. Wenn sie nämlich fragen, ob sie nicht mal mitgehen dürfen. Ich sage dann immer, ja, klar. Und weiß ganz genau, dass ich den Tag verfluche, an dem ich sie tatsächlich mitnehmen muss. Die Einführung von Neulingen auf der Rennbahn ist eine Qual.

Nutt: Zu mir sagen Leute gelegentlich, ich gebe Ihnen zwanzig Mark, wetten Sie irgendwas für mich. Nee, sage ich, so geht das nicht, ganz sicher nicht.

Lebert: Ich gebe manchmal einen Tipp, nenne ein Pferd, das garantiert nicht gewinnt. Da hat man dann für alle Zeiten seine Ruhe.

Nutt: Merkst du was?

Lebert: Was denn?

Nutt: Wir werden ziemlich aggressiv.

Lebert: Ja, o.k. Es muss wohl damit zu tun haben, dass man sich nie wohl fühlt, wenn man ausgefragt wird über sein Leben auf der Rennbahn.

Nutt: Ein Fragespiel auf der Rennbahn geht so: »Weißt du, warum um jede Rennbahn herum ein hoher Zaun ist?« »Nein.« »Damit Leute wie du nicht herauslaufen können.«

Lebert: Aber diesmal sind wir ja unter uns.

Nutt: Also fangen wir an. Warum gehst du auf die Rennbahn?

Lebert: Ich versuche es mal am Anfang mit etwas Philosophischem …

Nutt: Ausweichen gilt nicht.

Lebert: Die Rennbahn ist etwas, was neben dem normalen Leben existiert. Neben dem Berufsalltag, neben dem Privatleben. Alle meine Freunde gehen nicht auf die Rennbahn. Das ist wie ein Film, der immer läuft in meinem Leben, parallel zu dem anderen Leben. Mittwoch ist Renntag. Sonntag ist Renntag. Auch wenn man nicht immer hingeht, da ist etwas, wo ich mich auskenne, die Regeln beherrsche. Da bin ich mit anderen Menschen zusammen. Hört sich vielleicht komisch an, aber die Rennbahn ist für mich ein Ort, der nur mir gehört.

Nutt: Ganz wichtig ist dieses Gefühl, sich auszukennen. Zu wissen: da macht mir niemand was vor. Außerdem kommt man in Kontakt mit fremden Leuten. Wenn man will, und nur, wenn man will. Nichts ist leichter, als mit fremden Leuten auf der Rennbahn ins Gespräch zu kommen. Aber dieser Kontakt hat keine Folgen. Ich kann zum Beispiel wunderbar ein Gespräch anfangen und plötzlich abbrechen. Man muss sich auf seine Wette konzentrieren, zum Wettschalter gehen und so weiter. Das ist völlig in Ordnung. Ich kann mich eine Stunde mit Leuten unterhalten, zu einer Gruppe gehören. Und dann für den Rest des Tages Einzelgänger sein. Das stört keinen. Es gibt keine Verpflichtung, sich zu unterhalten. Ich glaube, dass es das nirgends sonst gibt. Einerseits die Anonymität, der Wunsch, völlig alleine zu sein, und andererseits die Möglichkeit, eben nicht alleine sein zu müssen, sich jederzeit öffnen zu können. Das Elend des knapp verpassten Riesengewinns jemandem mitteilen zu können, der das Gefühl kennt, ist in dem Augenblick wertvoll. Der muss dann auch gar nicht viel sagen. Wenn man selber in so ein dummes Gespräch verwickelt wird, passt das zu der erwähnten Solidarität, aber man hört sich die Geschichte mitleidend an und zuckt kennerisch mit den Schultern. Beim nächsten Mal klappt's bestimmt. Gute Wette, Mann.

Lebert: Dir hat das Schicksal rennbahnmäßig ja übel mitgespielt. Du musstest vor einem Jahr nach Frankfurt ziehen. Das ist die Diaspora. Wie hältst du das eigentlich überhaupt aus?

Nutt: Es gibt eine Trabrennbahn in Dieburg, eine halbe Stunde von Frankfurt entfernt, dort gibt es zweimal im Jahr Rennen auf der grünen Wiese. Aber am Wochenende wohne ich in Berlin, dort gehe ich natürlich auch auf die Rennbahn.

Lebert: Stimmt, ich erinnere mich, dich da bisweilen gesehen zu haben.

Nutt: Aber es stimmt schon: Frankfurt ist eine harte Probe, aus der Sicht des Rennbahners. Es gibt eine Galopprennbahn, die hauptsächlich im Sommer Rennen veranstaltet. Da war ich natürlich schon auf der Bahn, aber man fühlt sich da ein bisschen als Tourist, so als ginge man als Fußballfan zum American Football. Ich kann mit Galoppern nicht so viel anfangen. Für mich sind Traber …

Lebert: Für unwissende Leser sei erklärt: Das sind die Pferde, die einen kleinen Wagen hinter sich herziehen, mit einem Fahrer drauf. Sie traben, im Unterschied zu den Galoppern, die galoppieren.

Nutt: Galopp ist der größte Feind des Trabrennsports, heißt ein Sprichwort auf der Trabrennbahn. Galoppierende Traber werden disqualifiziert. Traber sind jedenfalls meine Sache, vielleicht deshalb, weil Westberlin

keine Galopprennbahn hatte.

Lebert: Meine auch. Da sind wir uns völlig einig.

Nutt: Aber es gibt auch in Frankfurt eine Rettung. Ich muss sagen, dass ich pünktlich jeden Mittwoch gegen 18 Uhr mein Büro verlasse …

Lebert: … etwa zu dem Zeitpunkt also, wenn das erste Rennen in Berlin kurz vor dem Start steht …

Nutt: … und dann fahre ich zu einem Buchmacher. Die Rennen aus Berlin werden da auf dem Fernseher übertragen. Man muss sich das nicht als besonders angenehm vorstellen. Eher im Gegenteil: Düstere Räume, verraucht, stickig. Und die Leute sind einem auch nicht immer sympathisch. Also, ich muss schon zugeben, dass ich mich manchmal frage, Mensch, was machst du eigentlich hier? Was treibt dich bloß dahin?

Lebert: Womit wir wieder beim Ausgangspunkt wären. Ich kenne übrigens dieses Gefühl gut, diese Krisenmomente: Ehrlicherweise muss ich zugeben, dass sie sich besonders häufig einstellen, wenn ich verliere.

Nutt: Das verschärft die Situation, das ist sicher richtig. Aber das Erstaunliche ist ja, dass ich trotz dieses Gefühls am nächsten Mittwoch wieder hingehe. Na ja, die Krisenmomente sind auch eher selten. Glücklicherweise. Oder unglücklicherweise?

Lebert: Glücklicherweise. Ich habe ein paarmal versucht aufzuhören mit der Rennbahn.

Nutt: Ich nie.

Lebert: Aus finanziellen Gründen hauptsächlich, aber auch aus der Überlegung: Vielleicht kannste doch mit der Zeit was Vernünftigeres anstellen. Aber das stimmt nicht. Ich hatte immer das Gefühl, dass mir ohne Rennbahn etwas fehlt. Das ist schon ein Stück Lebensqualität bei mir. Als ich vor zwei Jahren von München nach Berlin gezogen bin, hatte ich die große Sorge, dass ich möglicherweise keinen Draht zu der neuen Rennbahn finde.

Nutt: Die Sorge war nicht berechtigt. Wir haben uns ja praktisch auf der Rennbahn in Berlin kennen gelernt. Vorher hatten wir nur mal telefoniert.

Lebert: Ich habe früher ein paar deiner Renn- und Wettgeschichten in der ›Zeit‹ gelesen. Da dachte ich immer: Harry Nutt, das ist bestimmt ein Pseudonym. Ein gutes Pseudonym.

Nutt: Wie bist du eigentlich überhaupt auf die Rennbahn gekommen? Wann hat es bei dir angefangen?

Lebert: Sehr früh schon. Mein Vater ist auf die Rennbahn gegangen. Da lag bei uns zu Hause immer diese Rennzeitschrift herum, ›Herold‹ hieß sie, das weiß ich noch gut. Und da drin habe ich frühzeitig geblättert. Schon mit zehn, elf Jahren hat mich das fasziniert. Die Namen der Pferde, ich weiß noch, mein Lieblingspferd hieß damals Androlios, nur der Name gefiel mir. Ich habe immer meine Favoriten angekreuzt, und wenn mein Vater von den Rennen heimkam, musste er erzählen, wer gewonnen hat. Na ja, und eines Tages hat er mich dann mal mitgenommen. Da war ich dreizehn.

Nutt: Eigentlich darf man ja unter achtzehn gar nicht wetten.

Lebert: Klar. Ich habe die Wetten damals immer meinem Vater mitgegeben. Gleich im ersten Rennen live in meinem Leben habe ich gewonnen. Garant hieß das Pferd. Für fünf Mark habe ich zwanzig bekommen. Ich fühlte mich wie ein König.

12

Nutt: Ein gutes Taschengeld.

Lebert: Ich habe es dann schnell wieder verloren. Es gab auch durchaus manchmal Probleme mit meiner Rennbahnbegeisterung. Wenn ich in der Schule zu schlecht wurde, wurde der ›Herold‹, die Wettzeitung, weggesperrt. Weil du immer nur die Rennbahn im Kopf hast, hieß es.

Nutt: Ich wusste gar nicht, dass du eine solch lange Rennbahn-Biografie hast.

Lebert: Wie ist es denn bei dir losgegangen?

Nutt: Bei mir gibt es keinerlei Familienbezug. Außer vielleicht der Tatsache, dass ich von zu Hause eine gewisse Liebe zum Sport mitbekommen habe. Ich habe Fußball gespielt, Volleyball. Aber mit Pferden hatte ich nun wirklich gar nichts am Hut, obwohl auf westfälischen Wiesen genug Traber herumlaufen. Eines der besten deutschen Rennpferde überhaupt, Brendy, ist gleich in meiner Nachbarschaft gezüchtet worden. Habe ich aber erst später erfahren.

Lebert: Und wann war dein erstes Mal?

Nutt: Das war so Mitte der achtziger Jahre. Ich war inzwischen nach Berlin gezogen, habe da studiert. Ich lebte in einer Wohngemeinschaft mit drei Jungs zusammen, steckte also voll in dem akademischen Umfeld. Pferderennen war da völlig out, darüber hat man ganz bestimmt nicht geredet. Nun, eines Tages fiel einem meiner Mitbewohner ein merkwürdiger Zettel aus der Hosentasche. Und ich weiß noch, dass wir ihn fast ein bisschen empört angesehen und gefragt haben: Was ist das denn?

Lebert: Es war kein Bücherschein aus der Bibliothek, sondern ein Wettschein.

Nutt: Genau. Und der Abscheu muss dann doch nicht sonderlich groß gewesen sein, denn kurze Zeit später haben wir uns verabredet, alle zusammen mit unseren Freundinnen auf die Rennbahn zu gehen.

Lebert: Erinnerst du dich noch genau an deinen ersten Renntag?

Nutt: Schon ein bisschen. Ich weiß, dass ich verloren habe. Zwanzig Mark. Das sollte in der ersten Zeit immer mein Limit sein, mehr durfte ich nicht verlieren. Ein wichtiges Rennen war das Arthur-Knauer-Rennen …

Lebert: … damals ein großes Stutenrennen, benannt nach einem großen Züchter aus den zwanziger Jahren …

Nutt: … und gewonnen hat ein Pferd namens Binsheimerin, eine Riesen-Außenseiterin.

Lebert: Gut, dass man sich an solche Dinge immer prima erinnern kann. Die Namen von Pferden fallen mir nach vielen Jahren noch ein. Sonst bin ich, was Namen angeht, eine völlige Katastrophe, ich vergesse alles.

Nutt: Na ja, Hauptsache man erinnert sich an die wirklich wichtigen Dinge.

Lebert: Nun aber weiter in deiner Rennbahn-Biografie.

Nutt: Wir sind dann relativ regelmäßig hingegangen, bald ohne unsere Freundinnen. Denen kam das irgendwie zwanghaft vor, was wir daraus machten. Bloß auf der Bahn sein, das war für sie in Ordnung, aber stundenlang danach noch darüber reden, das fanden sie unmöglich. Und einmal war ich dann allein auf der Bahn und habe mein festgesetztes Limit voll überschritten. Dieses schlechte Gewissen, das ich damals hatte! Das darf dir nie wieder passieren, habe ich gedacht, als ich mit der

U-Bahn nach Hause fuhr. Das schlechte Gewissen hatte zur Folge, dass ich dann nicht nur sonntags, sondern auch jeden Mittwoch auf der Rennbahn war. Noch ein-, zweimal allein, dann waren meine beiden Freunde auch so weit.

Lebert: Du warst also im Gegensatz zu mir schon richtig erwachsen, als du anfingst. Versuche doch mal zu beschreiben, was dich von Anfang an in den Bann gezogen hat.

Nutt: Ich denke, es waren die Menschen, die dort sind. Man trifft da Leute, auf die man sonst nie stößt. Es ist ein bisschen Halbwelt, aber nicht die brutale, die gewalttätige Variante. Man spürt, dass viele Glücksritter da sind. Erst rechtfertigt man sich noch damit, dass man sie beobachtet, wenig später gehört man zu denen, die beobachtet werden.

Lebert: Man spürt den Leichtsinn. Und wenn man älter wird, ahnt man, was Leichtsinn im Leben für eine Gnade sein kann.

Nutt: Man trifft Leute, bei denen man das Gefühl hat, sie lassen sich nicht so leicht unterkriegen.

Lebert: Ich erinnere mich an einen, einen Tankstellenbesitzer aus Regensburg, der war ein sehr hoher Wetter. Alle wunderten sich ein bisschen, woher der das viele Geld nahm für das Spielen. Irgendwann stellte sich dann heraus, dass der das Geld aus der Tankstelle nie mit der Ölgesellschaft abgerechnet hatte. Wenn einer für zwanzig Mark getankt hatte, waren das eben seine zwanzig Mark, dachte er. Er kam ins Gefängnis. Nach ein paar Jahren war er wieder draußen. Und am zweiten Tag in Freiheit war er wieder auf der Rennbahn.

Nutt: Ich kannte auch so einen Typen, der mal eine Zwangspause einlegen musste. Er war eine Weile weg, dann war er wieder da. Er erzählte nichts von dem, was in der Zwischenzeit geschehen war. Was man zu reden hatte, drehte sich um die bevorstehenden Rennen. Dass er im Knast gewesen war, hat dann ein anderer gewusst. Man begegnet Leuten, die einen im normalen Leben nicht besonders interessieren würden. Das ist wie bei ›Big Brother‹.

Lebert: Erzähl mal von den Bildern in deinem Kopf, wenn du an die Rennbahn denkst.

Nutt: Mein Freund Heiko hat immer gesagt, so richtig Mensch bin ich nur zwei Stunden vor dem ersten Rennen. Er meinte damit …

Lebert: Ein schöner Satz.

Nutt: … er meinte damit dieses besondere Gefühl vor einem Renntag. Man weiß, man hat sechs, acht Stunden vor sich, in denen man völlig ungestört ist, in denen irgendwelche Alltagsprobleme keinen Platz haben. Man konzentriert sich auf zehn, zwölf Rennen, knapp eine halbe Stunde Pause dazwischen. Man fühlt sich sehr frei in diesem Augenblick. Erst gegen Ende eines Renntages bemerkt man, dass diese Freiheit eine Illusion war.

Lebert: Es hat mit Ruhe zu tun. Es ist das Gegenteil von Reizüberflutung.

Nutt: Ja, es ist auch das Gegenteil von Zeitgeist. Auf der Rennbahn ändert sich nichts. Es ist ein Milieu, das gleich bleibt. Ich denke, für mich strahlt das eine große Anziehungskraft aus – man weiß, was einen erwartet. Und genauso kommt es.

Lebert: Vor den Rennen ist man auch immer besonders zuversichtlich. Das Pferd gewinnt, es muss gewinnen. Das Pferd habe ich so lange beobachtet, immer ist es irgendwie behindert worden im Rennen, heute wird sein großer Tag sein. Ich habe immer so vier, fünf Pferde, wo ich denke: Die machen es heute, ganz bestimmt.

Nutt: Da es ja selten dann genauso kommt, wie man gedacht hat, ändert sich die Stimmung während eines Renntags. Bei mir ist sie am Anfang immer am besten.

Lebert: Ich fürchte, das ist bei mir auch so.

Nutt: Am Ende eines Renntags fühle ich mich oft richtig beschissen. Das Schöne ist vorbei …

Lebert: … was dann gar nicht so schön war, wie man gedacht hatte …

Nutt: … und vor einem liegt eine ganz normale Arbeitswoche, der Alltag. Das ist dann die gefürchtete Sonntagabenddepression eines Rennbahners.

Lebert: Wenn man am Ende eines Renntags zuhört, was die Leute reden, dann sind das Sätze wie: »Also, das nächste Mal komme ich ganz bestimmt nicht.« Einmal sagte einer: »Wenn ich das nächste Mal komme, dann darfst du mich anspucken.«

Nutt: Der war ganz bestimmt das nächste Mal wieder da.

Lebert: Klar.

Nutt: Wir reden also von Sucht.

Lebert: Alle Anzeichen einer Sucht sind bei Rennbahnern erfüllt. Man will immer wieder mal aufhören, es geht aber nicht. Es ist sicher eine Form von Spielsucht. Es geht um Geld, man will gewinnen. Und wenn wir davon reden, dass es so schön ist, weil man den Alltag hinter sich lässt – genau das erzählen Süchtige, die ihr

Geld an irgendwelchen Automaten verprassen oder in der Spielbank verlieren.

Nutt: Das stimmt alles. Und doch möchte ich die Behauptung aufstellen, dass die Rennbahn ein gutes Vehikel ist, um das eigene Suchtpotenzial in den Griff zu bekommen, das ja jeder auf eine gewisse Weise in sich trägt.

Lebert: Jetzt spricht der Feuilletonist.

Nutt: Ich glaube einfach, dass die Rennbahn eine relativ zivile Ausformung des Suchtprinzips ist. Anders als bei der Spielbank oder den Automaten fehlt eine ganz wichtige Eigenschaft, die so gerne in den Untergang führt: die Geschwindigkeit. In der Spielbank kannst du dein ganzes Geld locker in ein paar Minuten verlieren. Auf der Rennbahn musst du zwischen jedem Rennen erst einmal eine halbe Stunde warten.

Lebert: Klingt gut, das alles. Glaube ich jetzt auch sofort. Wobei man ehrlicherweise sagen muss, dass jeder von uns natürlich Leute kennt, die Gefahr liefen, ihre Existenz auf der Rennbahn zu vernichten.

Nutt: Ja, sicher. Geld. Das Thema Geld ist natürlich schon wichtig.

Lebert: Also gut. Ich gebe es gleich zu: Wenn man zusammenrechnet, habe ich in all den Jahren immer auf der Rennbahn verloren.

Nutt: Ich auch. Aber die Frage ist: wie viel?

Lebert: In schlechten Zeiten habe ich sicher manchmal 1500 Mark im Monat verloren. Das ist natürlich schon viel, zu viel. Manchmal habe ich auch 1 000 Mark gewonnen, aber die Kurve zeigt sicher nach unten. Und meine Erfahrung ist leider, dass man den Umsatz mit

den Jahren eher steigert. Das hat damit zu tun, dass man mehr verdient, aber auch damit, dass man manchmal gewinnt und dann ein wenig übermütig wird.

Nutt: Vor lauter Angst, dass ich durch den Rennsport irgendwann in der Gosse lande, habe ich jahrelang genau Buch über meine Umsätze geführt.

Lebert: Deine masochistischen Tendenzen waren mir bislang unbekannt. Und, was kam heraus aus der Statistik, Herr Buchhalter?

Nutt: In meinem besten Jahr habe ich 1000 Mark verloren, im ganzen Jahr. Was in meinem schlechtesten Jahr war, sage ich nicht.

Lebert: Einverstanden. Außerdem darf in deiner Lebensgeschichte nicht verschwiegen werden, dass du dem Rennsport auf gewisse Weise ja eine Menge zu verdanken hast.

Nutt: Verdanken? Ich war Turfjournalist.

Lebert: Du warst immerhin Chefredakteur einer bedeutenden Rennzeitung.

Nutt: Spotte nur. Es war bloß eine kleine Zeitung und ich habe sie mit einem Kollegen zusammen gemacht. Am Ende ist der Verlag pleite gegangen. Aber im Prinzip stimmt es. Das war meine erste journalistische Station nach dem Studium. Über drei Jahre habe ich da gearbeitet. Es hat Spaß gemacht.

Lebert: Vielleicht kann man es so sagen: Wenn einer Feuilletonist werden will, dann fängt er damit am besten auf der Rennbahn an. In den Journalistikschulen ist diese Karriereform bislang noch weitgehend unbekannt.

Nutt: Schluss jetzt, reden wir lieber wieder von deinen Verlusten.

Lebert: Damit der Leser sich keine Sorgen macht, möchte ich es zusammenfassend mal so formulieren: Die Rennbahn kostet Geld, aber auch nicht viel mehr als ein anderes Hobby. Andere Leuten reisen durch die Welt oder kaufen sich teure Modelleisenbahnen. Und ich gehe auf die Rennbahn.

Nutt: Auf diese Formulierung können wir uns schnell einigen. Außerdem kommt man als Rennbahner herum in der Welt. Es gibt Leute, die planen ihren Urlaub nach den Terminen großer Rennen. Frankreich ist besonders attraktiv. Jedes Provinznest hat dort eine Rennbahn.

Lebert: Ich war wie du öfters in Paris. In Vincennes, das ist immer ein großartiges Gefühl. Wobei ich da mal Probleme mit der Sprache hatte. Zu meinem Entsetzen sah ich, dass man am Schalter nicht einfach seinen Wettschein abgibt, sondern sagen muss, was man spielen will. Ich also hin. Was heißt »Sieg«.

Nutt: Gagnant.

Lebert: Danke, jetzt weiß ich es auch. Aber damals habe ich gesagt: Victoire. Das hat im Tribünenhaus größere Heiterkeitsstürme ausgelöst.

Nutt: Ich war mal in Istanbul auf der Galopprennbahn. Das war toll. Vierzig-, fünfzigtausend Leute. Eine unwahrscheinliche Stimmung. Dazu muss man wissen, dass nebenan im Fußballstadion gerade das Lokalderby Fenerbace gegen Galatasaray stattfand.

Lebert: Hast du gewonnen?

Nutt: Weiß nicht mehr so genau. Wir wollten sowieso keine Lira mehr mit nach Hause bringen. Der Urlaub war zu Ende.

Lebert: Ich habe mal in Macau verloren. Lauter Chinesen und dazwischen ich. Aber das Prinzip ist natürlich überall gleich: Man will wissen, wer gewinnt.

Nutt: Auf gewisse Weise ist die Rennbahn also wirklich eine internationale Angelegenheit.

Lebert: Ich möchte noch mal auf deinen Freund zurückkommen, der sagte, er sei nur zwei Stunden vor dem ersten Rennen so richtig Mensch. Ich bin nämlich auch gerade ein wenig philosophisch drauf …

Nutt: Lass hören.

Lebert: Erst mal finde ich, dass die Rennbahn für eine bestimmte Angelegenheit eine wunderbare Schule ist: Man lernt das Verlieren. Und das ist für den Rest des Lebens gar nicht schlecht, wenn man das kann.

Nutt: Da ist was dran. Man verliert in der Öffentlichkeit. Alle schauen einem zu. Man ist also gezwungen, eine gewisse Haltung zu bewahren. Aber so können wir das Gespräch auf keinen Fall aufhören. Das wäre zu deprimierend, dieses Fazit: Die beiden gehen auf die Rennbahn, weil sie das Verlieren lernen wollen.

Lebert: Nee, nee, ich habe noch was anderes. Das eignet sich viel besser für den Schluss. Ich habe mal gelesen, dass Menschen, die auf die Rennbahn gehen, sich viel seltener umbringen als andere, normale Menschen.

Nutt: Das glaube ich sofort.

Lebert: Ein Psychologe hat auch die Begründung geliefert, warum das so ist. Die Hoffnung auf das nächste Rennen. Es gibt immer die Hoffnung auf einen neuen Anfang.

Nutt: Glaubst du eigentlich, dass das, was wir da sagen, unsere Rennbahnfreunde lesen werden?

Lebert: Ich sage niemandem etwas davon.

Nutt: Ich auch nicht. Mit dem, was wir hier tun, begehen wir nämlich eine Todsünde.

Lebert: Du meinst, wir reden zu viel?

Nutt: Ja. Auf der Rennbahn schweigt man lieber, verliert höchstens mal ein paar kurze Worte. Die Leute, die dauernd quatschen, nerven fürchterlich. Die will man nie wieder auf der Rennbahn sehen.

Magie der Pferde

Es gab mal eine Zeit, da habe ich jeden Morgen kurz nach dem Aufwachen in der Klinik angerufen. Es war immer der gleiche Dialog. »Entschuldigen Sie«, fragte ich, »ich wollte mich nur erkundigen, wie es dem Patienten geht«. Die Stimme am anderen Apparat klang freundlich, jedes Mal: »Es sieht nicht gut aus. Leider. Es tut mir leid, dass ich Ihnen nichts anderes sagen kann«. Man muss wissen, dass der Patient eine besondere Geschichte hatte. Seine Name war Siegel, er war ein Pferd, ein Hengst und erst fünf Jahre alt, als er krank wurde. Sein Besitzer hieß Horst Bergtholdt und er war das, was man einen besseren Pferdepfleger nennt. Er hatte bei einem Gestüt gearbeitet, als er auf ein einjähriges Pferd aufmerksam wurde, das der Besitzer verkaufen oder gar schlachten lassen wollte, und zwar aus einem sehr einfachen Grund: Dieses Pferd war böse, es schlug mit seinen Hufen aus, wann immer es ging, es biss, fast jeden, den es erwischen konnte. Na ja, jeden nicht, Horst Bergtholdt eben nicht. Die beiden mochten sich irgendwie von Anfang an. Und da diesen bösen Siegel niemand anders haben wollte, nahm er ihn mit nach Hause auf seinen Bauernhof.

Als er dann anfing ihn selbst zu trainieren und Rennen mit ihm zu fahren, hatte Horst Bergtholdt eine sehr simple Taktik: Er benutzte keine Peitsche, sondern er redete mit Siegel, das ganze Rennen lang. So besiegte er in seinen knapp vier Rennjahren alles, was sich ihm in den Weg stellte. Siegel gewann ein paar Hunderttausend Mark und eine Zeit lang war der kleine Pferdepfleger Horst Bergtholdt ein großer Star. Der Mann, der die Bestie zähmte. Der Pferdeflüsterer, dessen Worte zu Gold werden. So oder so ähnlich lauteten die Schlagzeilen. Nur das Derby konnte er nicht gewinnen. Bergtholdt war ein zu schlechter Rennfahrer, da half auch das Reden am Ende nicht.

Hört sich ein bisschen nach amerikanischem Pferdefilm à la ›Fury‹ an, oder? Gut, und diese Geschichte geht in diesem Stil weiter, nach dem Motto: Glück und Unglück liegen nahe beieinander, Märchen und Tragödie. Siegel wurde krank, man sprach von einer rätselhaften Vergiftung, sogar ein Verbrechen konnte nicht ausgeschlossen werden. Ganz geklärt wurde die Sache nie. Siegel starb im Alter von fünf Jahren. Man sah in der Zeitung den weinenden Horst Bergtholdt an der Pforte der Tierklinik, nach seinem letzten Abschied. Es gab Pferdezüchter, die ihm daraufhin junge Pferde schenkten. Ganz Pferdedeutschland war sich einig: Dem Mann muss über diesen Schicksalsschlag hinweggeholfen werden. Nebenbei bemerkt kam es zu keinem Happy End – die Geschenke erwiesen sich als allesamt ziemlich langsame Wesen.

Aber dennoch: Was für ein Stoff! Nur merkwürdig, wenn man diese Story Freunden erzählt, bekommt man zur Antwort meistens ein leicht mitleidiges Grinsen. Ach, wir wussten gar nicht, dass du dich jetzt schon für Geschichten interessierst, die sonst nur in diesen Mädchenromanen stehen. Ich höre mich dann immer sagen: Ja, ja, ihr werdet es nicht glauben, aber das

24

Leben ist manchmal so. Das Leben kann ziemlich kitschig sein.

Und ich erzähle die nächste Geschichte. Das Pferd heißt Simmerl, und es war zu Hause auf einem bayerischen Bauernhof. Alle, die mal da waren, erzählten, Simmerl wohne nicht im Stall, sondern bei den Leuten im Wohnzimmer. Die Oma bringe ihm jeden Morgen eine Art Müsli, die Enkelkinder ritten ihn täglich aus. Simmerl war vom ersten Start an auf der Münchner und Straubinger Rennbahn der große Publikumsliebling, weil er aus der Parade vor dem Rennen immer eine kleine Zirkusshow machte – und weil er immer gewann, und zwar meist mit einem Vorsprung von rund 100 Metern.

Der Besitzer von Simmerl, ein Mann mit Namen Berger, war nun eher der Typ moderner Bauer, also ein Mann mit einem ausgeprägten Gefühl für Geld. Von Sieg zu Sieg bekam er von reichen Pferdebesitzern mehr geboten für sein Pferd. Und eines Tages wurde er zum Entsetzen seiner Familie schwach und verkaufte Simmerl. Für wie viel weiß man nicht so genau, denn über Geld wird im Pferdegeschäft nicht gerne gesprochen. Aber es muss viel gewesen sein, sehr viel. Über eine Summe in der Gegend von 100 000 Mark wurde spekuliert. Die Geschichte spielt Mitte der sechziger Jahre, da war das für einen kleinen Bauern sehr viel Geld.

Simmerl reiste nun mit seinem neuen Besitzer zu einem ersten Start nach Berlin, und als der Mann seinen neuen Stolz besichtigen wollte, mein Gott, da bot sich ihm ein Bild des Jammers. Simmerl, sonst der geborene Kraftprotz, stand mit gesenktem Kopf in der Box und fraß nichts, wie schon seit Tagen. Außerdem hatte er ein geschwollenes Knie. Die Aufregung war groß. Hatte ihm der schlaue Bauer etwa ein krankes Pferd angedreht? Es kam zu einem kurzen Telefongespräch. Der Bauer sagte: »Gott sei Dank, dass Sie anrufen. Wissen Sie was, ich nehme ihn wieder zurück. Sie kriegen Ihr Geld, ich das Pferd. Meine Familie redet seit Tagen kein Wort mehr mit mir.« Simmerl kam zurück – sah die Oma und fraß wieder. Und auch das Knie war plötzlich nicht mehr dick. Simmerl wurde nie wieder krank und blieb lange Jahre das erfolgreichste deutsche Pferd.

Ich stand manchmal dabei, als sie ihm zugejubelt haben, ach, was heißt gejubelt, geschrien haben sie, wenn er auf den letzten Metern, zum Teil gegen die besten Pferde der Welt, seinen großen Kopf wieder nach vorne streckte. Es ist ein schönes Gefühl, da dabei zu sein, wenn der eigene Puls schneller geht, nur wegen eines Pferdes, auf das man nicht einmal gewettet hat. Es muss ein ähnliches Gefühl sein, wenn vernünftige Menschen sich in die Fan-Kurve eines Fußballclubs begeben, um mal für neunzig Minuten alles anders machen zu dürfen als sonst im Alltag. Nur eins ist anders: Bei Pferderennen hat man von prügelnden Hooligans noch nie etwas gehört. Allenfalls ist schon einmal die Rennleitung bedrängt worden, wenn das Publikum glaubte, diese habe eine Fehlentscheidung getroffen.

Ja, ich war dabei, wenn der alte Ewalt gegen den jungen Superstar Early Boy lief. Als Isenburger gewann und Don Shark und Freudenau. Und wie sie alle hießen. Wenn man ein wenig pathetisch sein möchte: die Pferde meines Lebens. Auf die meisten habe ich gewettet, aber das Entscheidende war das nicht. Ich habe vor dem

Fernseher mitgefiebert, als Delmonica Hanover den Prix d'Amerique, das höchstdotierte Pferderennen der Welt, gewann. Delmonica Hanover war eine kleine amerikanische Stute und im Grunde eine Spezialistin für kurze Strecken. Der Prix d'Amerique in Paris geht aber über eine lange Distanz, über 2900 Meter. Es war also schon vorher klar, dass es für sie nur eine einzige kleine Chance gab: Sie musste auf Warten gefahren werden, auf einen einzigen Speed, wie das im Jargon heißt. Erst auf den letzten Metern durfte sie in die Entscheidung geworfen werden. Als Fahrer wurde der Beste von allen engagiert, der deutsche Johannes »Hänschen« Frömming. Hänschen nannte man ihn, weil er klein von Wuchs war. Als Jugendlichen wollte man ihn zunächst keine Lehre machen lassen, weil man befürchtete, er könne ein Pferd nicht halten. »Ich will die Pferde doch nicht halten«, soll er daraufhin gesagt haben. »Ich will sie laufen lassen.«

Und beim Prix d'Amérique servierte er der Stute das Rennen nach dem Maß, das sie brauchte: Ganz außen an den Rails entlang stürmte sie als Siegerin gegen die Weltelite ins Ziel. Ich denke, ich werde diese letzten hundert Meter wohl nie in meinem Leben vergessen.

Nun darf man sicher nicht so weit gehen, dass man behauptet, man könne von den Pferderennen irgendwelche Weisheiten fürs Leben ableiten. Nein, nein, keine Sorge. Oder?

Na ja, ich könnte da noch eine kleine Geschichte erzählen. Ein berühmter italienischer Pferdezüchter hat den Fall in seinen Memoiren beschrieben. Er hatte eine sehr gute Galopperstute, die er nach Beendigung ihrer

Rennlaufbahn decken lassen wollte. Er wählte einen amerikanischen Weltklassehengst aus, der extra für viel Geld nach Italien geflogen wurde. Die Stute hatte sich inzwischen aber sichtlich in einen anderen Hengst verschaut, in einen eher unbedeutenden Einheimischen, der die hohen züchterischen Anforderungen etwa in Sachen Blutlinie nie erfüllt hätte. Die Angestellten des Züchters achteten also tunlichst darauf, dass die beiden Liebenden sich nicht zu nahe kamen. Dann wurde es dramatisch, denn die Stute verweigerte sich dem Amerikaner: Sie biss ihn, trat nach ihm und alle Versöhnungsversuche scheiterten. Nun, machen wir es kurz: Irgendwann ließ der Züchter der Liebe freien Lauf und die schöne Stute und den schwachen Hengst gewähren. Das Ergebnis? Ihr gemeinsamer Sohn wurde ein sehr berühmtes Rennpferd. Die Liebe hatte gesiegt.

Noch einmal: Merkwürdig, dass derartige Pferdegeschichten so gar keine Rolle spielen, nicht einmal in der so storygeilen deutschen Medienlandschaft. Oder haben Sie irgendwo die Geschichte des amerikanischen Trabers B Cor Pete gelesen? Der hatte als ganz junges Pferd einen schweren Beinschaden und wurde an einen Bauern abgegeben, der zu den Amish-People gehört, einer religiösen Sekte, die jeden technischen Fortschritt ablehnt und beinahe wie im Mittelalter lebt. B Cor Pete war dort also so eine Art Ackergaul. Doch nach etwa zwei Jahren meldete sich der Bauer wieder bei dem alten Besitzer. »Der ist nichts für uns, für die Felder«, sagte der Mann Gottes. »Der hat zu viel Energie, der will einfach nur laufen und laufen – bitte nehmen Sie ihn wieder.« Ja, B Cor Pete zeigte sich dankbar für die

28

Rückkehr in die moderne Welt und gewann in den nächsten paar Jahren einige Hunderttausend Dollar.

Gut, dass es Länder gibt mit einer ganz anderen Pferdekultur. Zum Beispiel Frankreich. Hier gehören Pferde und Rennen zum gesellschaftlichen Leben. In Paris vergeht kein Tag im Jahr, an dem kein Rennen stattfindet. Wer wetten will, braucht nicht unbedingt auf die Rennbahn zu gehen. Man kann es überall tun, von Nizza bis St. Malo, in Cafés, Tabakläden und Buchhandlungen. In Frankreich gibt es in nahezu jedem Ort, und sei er noch so klein, mindestens einen Pferdezüchter. Und der steht in der gesellschaftlichen Hierarchie gleich hinter dem Pfarrer. Wer ein Pferd besitzt, von dem sagen die Franzosen, dass er stolz sein kann, dass er Stil hat. In Deutschland wird der Besitzer eines Rennpferdes hingegen gerne so angeguckt, als würde er das Leben doch ein bisschen zu wenig ernst nehmen.

Einmal bin ich im Auftrag einer Zeitschrift nach Frankreich gefahren, um den größten Traber aller Zeiten zu besuchen. Den König der Normandie: Ourasi. Ich war mit einem Kollegen unterwegs, der besser Französisch sprach als ich und außerdem als Frankreichkorrespondent einer großen Rundfunkanstalt beste Kontakte zum französischen Rennsport pflegte. Er kam aus einer im Trabrennsport weithin bekannten Familie. Ich hatte immer den Verdacht, dass er nur deshalb unbedingt in Paris arbeiten wollte, um so richtig seiner Pferdeleidenschaft frönen zu können.

Ourasi hat 56 Rennen und 27 Millionen Francs gewonnen, mehr als jemals ein Pferd zuvor. Er war jahrelang ungeschlagen und hat den bereits erwähnten Prix d'Amérique viermal gewonnen. Auch damit hat er sich in die Liste der Einzigartigen eingetragen.

Wir fuhren in die Kleinstadt Argentan und dann noch ein paar Dörfer weiter. Ourasi lebt dort in einem schicken Gestüt mit weißen Steinhäuschen, einem tollen Stall und sechzig Hektar Grund. Täglich kommt der Briefträger und bringt ihm Post. Ja, ja wirklich, jeden Tag Briefe, manchmal auch nur eine Postkarte. »Du bist ein Tier«, schreibt zum Beispiel eine junge Frau, »aber deine Ruhe und dein Mut haben mir die Kraft gegeben, es dir nachzumachen«. Meist adressieren die Fans ihre Post nur mit »Ourasi, irgendwo in der Normandie«. Das reicht. Der Briefträger weiß Bescheid. Klar. Wer kennt Ourasi nicht. Diesen Hengst, für den zum Zeitpunkt meines Besuchs Stuten aus der ganzen Welt eingeflogen wurden. Dreißig ausländische Stuten waren damals gerade in umliegenden Gestüten untergebracht. Sie stammten aus den USA, aus Schweden und Italien. Alle warteten auf einen Liebesakt mit ihm. Dafür wird er bezahlt. Immer gegen 16 Uhr wurde eine Stute aus einem eigenen Transporter vor seinem Stall ausgeladen. Es sind nicht allein die vielen Triumphe, die Ourasi zum Mythos werden haben lassen. Zu diesem Pferd gehören eine Reihe von merkwürdigen Geschichten. Da ist zum Beispiel der Besitzer namens Raoul Ostheimer. Viel weiß man nicht über ihn: ein Landwirt jüdischer Herkunft, von Geburt an taub, der sich nur schwer artikulieren kann. Während des Dritten Reichs musste er vor den Nazis fliehen. In Amerika soll er eine Menge Geld gemacht haben, heißt es. Er selbst gibt über diese Zeit keine Auskunft. Mitte der Fünfzigerjahre kehrte

Ostheimer nach Frankreich zurück und gründete etwa hundert Kilometer von Paris entfernt eine kleine Pferdezucht. Hier kam Ourasi am 7. April 1980 auf die Welt. Früh erkannte Ostheimer, dass dieses Pferd etwas Besonderes sein musste. Schon deshalb, weil er immer so viel gefressen hat. Hafer, Stroh, und vor allem Äpfel, rote Äpfel. Diese Vorliebe ist Ourasi bis ins Rentenalter geblieben. Ostheimer packt bis heute zweimal die Woche eine Plastiktüte voll und fährt die rund hundert Kilometer nach Argentan, um dem hellen Fuchs Apfel für Apfel zu verfüttern.

Oder die Geschichte der Brüder Gougeon, Jean-René und Michel-Marcel. Beide sind erfolgreiche Trabrennfahrer der Meisterklasse und haben ihre besonderen Erfahrungen mit Ourasi gemacht. Jean-René Gougeon, genannt der »Papst von Vincennes«, so heißt der Stadtteil von Paris, nach dem auch die Trabrennbahn benannt ist, bekam Ourasi als Dreijährigen ins Training. Er stellte rasch fest, dass man diesem Pferd mit seinen besonderen Eigenschaften seinen Willen lassen muss. Bloß nichts unternehmen, was ihm nicht passt. Und wenn das noch so anstrengend ist. Dieses Rezept hatte Erfolg, kostete aber auch Kraft, vor allem die Kraft von Jean-René Gougeon. Er erlitt im Februar 1989 einen schweren Herzinfarkt, kurz darauf noch einen Gehirnschlag. Es war schnell klar, dass er nie wieder in einen Sulky steigen würde, aber noch heute verehren die Pariser Rennbahnbesucher Jean René Gougeon. Ersatz war damals sofort zur Stelle – der Bruder Michel-Marcel. Die ersten Starts klappten einwandfrei. Ourasi siegte. Wie sollte es auch anders sein. Dann kam ein hochdotiertes Rennen in Norwegen. Ourasi zeigte sich besonders unwillig und phlegmatisch: Zu Beginn des Rennens fiel er gleich 40 Meter hinter die anderen zurück. Nur mit allen Tricks brachte Michel-Marcel ihn in Schwung und doch noch als Ersten ins Ziel. Schweißgebadet erklärte der erschöpfte Fahrer danach, dass es ihn jetzt nicht mehr wundere, warum sein Bruder mit einem solchen Pferd einen Herzinfarkt bekommen hätte. Das hätte er besser nicht so laut sagen sollen. Wenig später erwischte es ihn selbst – ein Herzanfall. Was nun? Wer sollte Ourasi jetzt steuern? Ein Champion aus dem Süden Frankreichs wurde eingeflogen. Den mochte Ourasi nicht. Schon beim Anspannen war er von allen guten Geistern verlassen. Er schlug mit den Hinterbeinen aus, stieg auf, biss um sich. Im Rennen wurde er sensationell nur Fünfter. Keine Lust gehabt. Ourasi wartete, bis Michel-Marcel Gougeon wieder gesund war. Danach siegte er wieder.

Ourasi und seine Mätzchen: Alle kann man gar nicht aufzuzählen. Auf Reisen ging er nur im Beisein einer kleinen weißen Ziege, seiner Freundin. Er benötigte immer zwei Boxen, eine mit Stroh ausgelegt, die andere mit Holzspänen. Warum? Zu lang durfte er nicht in der Strohbox sein, er hätte nämlich das gesamte Stroh aufgefressen. Sein ständiger Pfleger Philippe Renouf erzählte mir, dass es immer ein Problem war, Ourasi neue Hufeisen anzulegen oder ihn zu striegeln, weil man niemals eines seiner Beine hochheben durfte, man musste warten, bis er es selbst tat. Ja, und es durfte nie und nimmer ein Pferd hinter ihm marschieren. Das hätte er nicht zugelassen. Aber das war kein so großes Pro-

blem, denn Ourasi wurde sowieso immer von zwei bis drei Bodyguards abgeschirmt, die aufpassten, dass ihm niemand zu nahe kam. Diese Männer, alle um die 1,90 Meter groß und stark, wurden von Raoul Ostheimer bezahlt.

Wenn Ourasi eine Rennbahn betrat, blieb er zunächst in der Stallauffahrt stehen und blockierte den Weg. Die anderen hatten nun zu warten, oft wütend, denn Ourasi schaute sich erst alles in Ruhe an, oft zehn Minuten lang. Erst dann ging er gemächlich auf die Bahn. »Ja«, sagt Philippe Renouf, »er war immer der Chef, das ließ er alle wissen«. Ein König mit Launen. Wenn er ein Rennen gewonnen hatte, geschah es häufig, dass er vor der Siegerehrung auf den Rasen im Innenraum der Rennbahn lief, und anfing, in aller Ruhe Gras zu fressen. Es gefiel ihm anscheinend, dass die Zuschauer daraufhin vor Begeisterung grölten. Die Franzosen nannten ihn »le roi fainéant«. Den faulen König. Weil er immer einen Meter nach dem Ziel sofort stoppte. Gewonnen, was soll ich jetzt noch rennen? Weil er vor einem Start oder im Training fast immer nur Schritt gelaufen ist, nie schneller. Wozu denn? Und faul auch deshalb, weil er die meiste Zeit des Tages in seiner Box lag und schlief …

Nur der Vollständigkeit halber sei erwähnt, dass er immer wenige Sekunden vor dem Start dieses Phlegma abschüttelte. Man konnte zuschauen, wie sich all die Kraft, die er beim Schlafen und Fressen gesammelt hatte, plötzlich in seinem Körper konzentrierte. Er richtete auf einmal seinen Kopf auf, und wenn die Müdigkeit aus seinem Blick gewichen war, wussten alle: Keine Chance auf den Sieg, da läuft einer mit, der ist besser als die anderen.

Nach seiner Abschiedsvorstellung im Jahr 1990, seinem letzten Prix d'Amerique-Sieg, druckte sogar das trockene Nachrichtenblatt ›Le Monde‹ ein Foto von Ourasi auf Seite eins. Im Tribünenhaus von Vincennes wurde ein überlebensgroßes Ölgemälde von ihm aufgehängt. Und verschiedene Künstler fragten an, ob sie denn eine Lithografie von ihm anfertigen dürften.

Als ich da war, lag er tatsächlich im Stall und schlief. Bevor die Stuten kamen. Ich benutzte seinen Namen jahrelang als Codewort für die verschiedensten Bereiche. Ich denke, ich kann sagen, der Name Ourasi hat mir Glück gebracht.

Der Code

»Viele Stunden, Tage, Wochen, Jahre meines Lebens hat die Rennbahn verschlungen. Man stelle sich all die Zeit vor, in der ich den Garten hätte jäten oder es zur Meisterschaft in Schach, Karate oder Tanzen hätte bringen können. Vielleicht wäre ich jetzt ein einflussreicher Boss, ein Billardspieler, ein Pianist oder ein angesehener Guru. Ebenso gut hätte ich Streifenpolizist werden können«. Das schrieb einmal Charles Bukowski, der große Charles Bukowski, den man vielleicht am besten verstehen lernt, wenn man sich den großformatigen Bildband ansieht, der ihn beim Wetten auf der Rennbahn zeigt.

Das ist eine eigene Welt. Wer einsteigen möchte, sollte sich erst einmal ein Jahr Zeit nehmen, mindestens. So lange dauert es, um wenigstens ein bisschen von den Gesetzen des Pferderennsports zu verstehen. Ein Besuch pro Woche auf der Rennbahn und ausführliches Studium der Rennzeitungen ist das Mindeste. Und wer schließlich ganz in dieser Welt leben will, lebt auch dann nicht ungefährlich. Wiederholt ist beobachtet worden, dass kreuzbrave Menschen plötzlich radikal mit ihrem gewohnten Lebenswandel brechen oder wenigstens ihren Lebensmittelpunkt dramatisch verlagern.

Ich bin in diese Welt eingestiegen an einem Maisonntag im Jahr 1970, als ich zum ersten Mal eine Rennbahn betrat. Seither bin ich dort geblieben. Seither weiß ich auch, dass es einen Film gibt, in dem ich mitspiele.

Wenn ich auf die Rennbahn gehe, bleibt die Welt – das, was man Alltag nennt – draußen. Ich denke an nichts anderes, nur noch daran, wer das nächste Rennen gewinnen könnte. Für fünf, sechs Stunden verliere ich jedes Zeitgefühl. Bis auf einen kleinen Rest: eine Zeiteinheit, die hier »erstes Rennen«, zweites, drittes, heißt. »Pferde bitte zur Parade!« – »Pferde bitte hinter dem Startauto sammeln!«

Dabei ist es auch völlig egal, wo der Film spielt. Ich stand einmal in Macau, der portugiesischen Kolonie vor den Toren Hongkongs, auf der örtlichen Rennbahn neben einem Chinesen. Eigentlich war ich mit einer Pressedelegation da, um über die architektonische Schönheit des Tribünenhauses zu berichten. Aber dann lächelte mich der Mann an und deutete in sein Programm. Ich verstand nichts, konnte auch das Rennprogramm nicht lesen. Trotzdem – ich blieb bei ihm. Er gab die Tipps, und ich zahlte. Der Nachmittag hat mich zweihundert Hongkong-Dollars gekostet. Vielleicht war das eine Form von ausgleichender Gerechtigkeit für einen Gewinn vor mehreren Jahren in England. In einem Pub gab mir damals ein freundlicher Herr einen Tipp, der »Cherry Kill« hieß – und drei Stunden später gewann. Dabei war Cherry Kill nicht einmal ein Pferd, sondern ein Hund. Egal, gewonnen ist gewonnen.

Mehr als zwanzig Jahre Rennbahn verändern die Sicht auf die Dinge. Der bayerische Defiliermarsch erinnert plötzlich nicht mehr an den Einmarsch der CSU-Prominenz in irgendein Bierzelt, sondern an die Parade vor einem großen Rennen. Und das Warten ist nun keine lästige Zeitverschwendung mehr, sondern die Seele des

Spiels. Wochenlang beobachten Spieler ein bestimmtes Pferd, quälen sich, wenn sie dabei zuschauen, wie es im Rennen behindert, wie es unglücklich gesteuert wird. Und warten deshalb immer wieder auf das nächste Mal. Das Warten wird zur Lebensphilosophie, zum Schutzschild gegen Niederlagen und Depressionen. Nichts wirft sie aus der Bahn. Wie schlimm die Lage auch sein mag, es gibt ja immer ein neues, ein nächstes Mal.

Zum Spiel gehört auch, seinen Lieblingspferden bis nach Wien nachzureisen, um dann zu erleben, dass ein Hengst namens Dillherr unter dem begeisterten Jubel der Wiener das Münchner Pferd besiegt, auf das man ziemlich hoch gewettet hat. Zum Spiel gehört weiter, dass man gelegentlich sehr früh morgens angerufen wird, etwa um zehn Minuten nach fünf, weil ein Bekannter mit der Stoppuhr eine Supermorgentrainingseinheit eines Dreijährigen gemessen hat. »Auf dieses Pferd kannst du am Sonntag dein Haus setzen«, ruft er ins Telefon. Dank langjähriger Erfahrung weiß man dann, dass man solche Tipps eher nicht beachten sollte.

Das Entscheidende beim Pferderennen ist der Code, eine Symbolsprache, die nicht leicht zu entschlüsseln ist. Nur wer Bescheid weiß, hat Zugang. Nur wer drin steckt, bekommt Informationen. Ich kannte mal einen Kriminalkommissar, der war sehr wortkarg, und normalerweise hätte er einem Journalisten nie etwas von einem Fall erzählt. Wenn ich aber zu ihm ins Büro kam, sagte er: »Setzen Sie sich doch her«. Und dann haben wir zusammen den ›Herold‹ gelesen, so hieß damals die Münchner Wettzeitung. Dann redete er, meistens über sein Lieblingspferd, den Baron Jobst, der ihm einmal

412 Mark gebracht hatte, »damals an einem eisigen Wintersamstag, kurz vor Weihnachten«. Und ab und zu blickte er während solcher Gespräche auf und meinte: »Den Mörder haben wir übrigens bald, die Sache ist ganz klar«.

Und was genau ist jetzt der Code? Nun, er besteht aus einer vielfältigen Mischung: Man muss Pferde kennen. Man muss ihre Eigenheiten kennen. Man muss die Eigenheiten der Fahrer kennen. Man muss die verschiedenen Wettvarianten kennen, wissen, wie man Wetten mit anderen Wettarten kombiniert, um eher zu gewinnen. Der Wetter spricht dann von der Absicherung seiner Wette. Und man muss sich schließlich einen Verhaltenskodex zulegen. Niemals, beispielsweise, dürfen Anfänger um irgendwelche Tipps bitten. Niemals. Auch nicht fragen, ob sie sich an einer Wette beteiligen dürfen. Man redet in den Momenten vor dem Rennen sowieso wenig. Je weniger, desto besser.

Man fragt also nicht. Besser ist es, Kolumnen in Tageszeitungen zu lesen. Und noch besser ist es, sie zu schreiben. Wie der Schotte Robin Cook, der in einer großen schottischen Tageszeitung regelmäßig Tipps für die jeweiligen Wochenendrennen abgab, die so unglaublich gut waren, dass seine Berufung zu Höherem schnell klar wurde. Er ließ sich in einem Wahlkreis nahe der Rennbahn als Kandidat der Labour Party aufstellen und gewann haushoch. Anscheinend versteht auch Tony Blair etwas von Pferden, denn er hat Mister Cook gleich zum Außenminister gemacht. Ein guter Griff.

Da haben zwei Seiten den Code gekannt, die Wähler

und der Politiker. Das schafft Vertrauen. Über einen, der sich bei Pferden auskennt wie man selbst, sagt man nichts Böses mehr, zum Beispiel: »Politiker sind doch eh alle gleich«. Wenn einer weiß, wer im vierten Rennen gewinnt, ist er auch der richtige Mann, wenn es um die Ehre Großbritanniens geht.

Spieler gehen auf die Rennbahn, um Geld zu gewinnen. Es ist ein schönes Gefühl, 3786 Mark zu kassieren, damit drei Wochen auf Sardinien zu verbringen und bei allem, was man so ausgibt, an New Dean zu denken. Der sechsjährige Wallach ist ein sehr sympathisches Pferd. Denn schließlich hat er den Urlaub bezahlt. Ich erinnere mich an einen Mittwochabend, an eine Finishwette, bei der man die Sieger der letzten drei Rennen erraten muss. Die ersten beiden hatte ich, mit Attavit als Sieger des Dritten hätte ich 12 000 Mark gewonnen.

Hätte. Attavit wurde Zweiter, um eine Nasenspitze, und ich hatte kaum mehr genug Geld, um meine zwei Getränke und den Wurstsalat zu bezahlen. Freunden am Tisch neben mir ging es ähnlich: strahlende Hoffnung, düstere Wirklichkeit. Nur mussten meine Freunde in dieser regnerischen Nacht noch nach Hause fahren, nach Landau an der Isar, gute zwei Stunden entfernt. »Dann singen wir halt heute nicht bei der Heimfahrt«, sagte einer. Was habe ich gelacht, trotz des ganzes Geldes, das ich verloren hatte! Das ist ja das Schöne: Man findet in der Niederlage immer jemanden, dem es noch schlechter geht als einem selbst. Übrigens: Ich habe »Freunde« gesagt. Ich verbringe eine Menge Zeit mit ihnen, weiß, wie sie dreinschauen, wenn ihr Pferd gerade disqualifiziert wird. Ich kenne ihre Lieblingspferde und ihre Art, den Geldbeutel zu ziehen, wenn eine Wette ein bisschen riskant erscheint. Und sonst? Sonst weiß ich gerade noch, ob der eine verheiratet ist oder nicht, manchmal den Beruf. Ob er Sorgen hat? Keine Ahnung. Wie er politisch denkt? Keinen Schimmer.

Manchmal sind Pferderennen die Rettung. Ein Sonntag auf der Trabrennbahn Hamburg. Besuch bei einem Mann, der das deutlich macht. Kurz vor dem Start des ersten Rennens ist Thomas Ebermann, früher Bundestagsabgeordneter für die Grünen und heute wohl einer der letzten Linken, sichtlich genervt, als ich an seinen Tisch im Tribünenhaus trete. Nein, sagt er, er könne mich jetzt nicht gebrauchen, wir hätten doch ausgemacht, dass ich erst am Ende des Renntags käme. »Sorry«, sagte er, »aber Sie stören jetzt wirklich.«

Also kam ich rund sechs Stunden später nach dem letzten Rennen wieder. Wir sind dann zusammen nach St. Pauli gefahren. Dort saßen wir lange in einer Kneipe, haben ein bisschen getrunken und gar nicht über seine frühere Karriere als Bundestagsabgeordneter der Grünen gesprochen, sondern sehr anregend und ausführlich über die Magie des Pferderennens, darüber, dass Saskia Bisa eine Superstute sei, nur wenn es regnet, könne man sie vergessen; weicher, tiefer Boden sei für sie nämlich der Tod. Es war dann schon nach Mitternacht, als er sich beim Abschied entschuldigte, weil er mir keinen Platz an seinem Tribünentisch angeboten hatte. Aber wie hätte er wissen können, sagte er, dass er es mit einem Profi zu tun hat. »Es ist schrecklich, wenn da einer sitzt, der keine Ahnung hat. Das ist so anstrengend«.

Für Ebermann, der mit Freunden zusammen immer ein, zwei Pferde unterhält, spielt das Wetten nur eine unbedeutende Rolle: »Das allein ist es nicht. Mir macht es Spaß zu sehen, wenn ein Pferd, das vorne links immer ein wenig nachgegeben hat, es plötzlich nicht mehr tut – und deshalb gewinnt. Und wenn ich dann einen Zehner darauf gesetzt habe, ist es auch okay.« Wenn er auf der Rennbahn einem zuhöre, der eine halbe Stunde darüber redet, warum ein Pferd dieses eine Hufeisen braucht und nicht ein anderes, »dann weiß ich, dass dieser Mensch in seinem Leben etwas sehr Reiches hat, etwas, in dem er für eine Weile versinken kann«.

Für Ebermann selbst war die Rennbahn eine Art Rettung. Seine politische Karriere lief nicht so toll, seine strenge Art, links zu sein, geriet ins Abseits. Einen erheblichen Teil seines Lebensunterhalts verdient er jetzt mit Talkshow-Auftritten, bei denen er nicht selten nach seinem Leben als Zocker gefragt wird und nach dem Schreiben von Rennberichten im Hamburger Rennbahnblatt ›Der Starter‹.

Üblicherweise werden immer die tragischen Schicksale aufgezählt: dass der Turf wieder jemanden den Boden unter den Füßen weggezogen hat. Die Geschichte des Spielers, der in der Kreditabteilung einer Bank arbeitete, sich selbst bevorzugt behandelte und eines Tages ... Aber lassen wir das – erzählen wir lieber die Story eines Siegers, um wirklich zu begreifen, wie gefährlich diese Branche sein kann, wie schnell man auch als Sieger in einen Sog gerät, der einiges wegreißen kann. Werner Wolf, Millionär aus München, ist so ein Sieger. Als junger Mann gründete er mit einem Freund zusammen eine

Computerfirma. Ohne Ausbildung, ohne Geld. Das Geschäft lief schnell gut, bald sehr gut, und Werner Wolf wurde ein reicher Mann. Und vielleicht wartete ja seine Biografie auf ein Ereignis, das ihm klarmachen sollte, dass es eigentlich reicht, wenn man ein paar Jahre im Leben richtig malocht hat.

Es war nur ein Besuch auf einer Galopprennbahn. Schöne Pferde mit kleinen, bunt gekleideten Männern auf ihrem Rücken. »Es war mir«, sagt Werner Wolf, »sofort klar, dass dies eine Welt ist, die mich nicht mehr loslässt. Dass dies etwas ist, das abseits von dem liegt, was ich bisher kannte.« Werner Wolf nahm etwa 20 Kilo ab und fing selbst an zu reiten. Natürlich nicht als Jockey, sondern um die Pferde im Training zu bewegen. Er kaufte Pferde, zunächst nur ein paar, später viele. Er kaufte ein eigenes Gestüt in Frankreich, ist seither Dauergast bei den teuersten Pferdeauktionen der Welt, in England oder den USA, dort also, wo auch ein Aga Khan regelmäßig erscheint. Sein Pferd Le Glorieux hat inzwischen in Tokio eines der wichtigsten Rennen überhaupt gewonnen. Preisgeld: rund eine Million Mark. Den Job in der Computerfirma hat Wolf längst aufgegeben.

Seltsame Welt. Da berichtet der Schauspieler Fritz Wepper ungefragt, dass der schönste Augenblick seines Lebens der Sieg von Sea Cove in Paris war, im Prix d'Amérique. Sea Cove gehört einem Freund Weppers, und als das Pferd unter dem Geschrei von hunderttausenden Franzosen als Erster durchs Ziel lief, »wäre ich beinahe gestorben vor Glück«.

Vielleicht zieht es bevorzugt Leute zum Pferderennen, die anderswo nicht richtig glücklich werden. Weppers

Zweitleben als der Harry von ›Derrick‹ kann nicht alles sein. Der Fall liegt ähnlich wie der von Frederic Meisner, der seit Jahren die Dauerwerbungssendung ›Glücksrad‹ moderiert. Zum Ausgleich sind seine Pferde erfolgreich und haben schon rund eine Million Mark gewonnen. Meisner und Wepper werden nie aufhören. Schließlich sind sie Gewinner. Und ich?

Ich habe einige Male versucht, damit aufzuhören. Aus finanziellen Motiven, aus der Erkenntnis, dass ich doch nicht jeden Sonntag ... Zwei Monate hielt ich durch. Dann saß ich in einem Berliner Café und schnappte einen Satz auf, zwischen zwei Männern an der Theke. »Wenn Black Beauty glatt vom Start kommt, gibt es kein Verlieren.« Zwei Stunden später stand ich auf der Rennbahn und wettete auf das Pferd. Black Beauty hat nicht gewonnen.

Es war toll.

Charles Bukowski hat einmal 23 Rennen hintereinander gewonnen. Er wettete immer auf den Richtigen. Er schrieb: »Manchmal denke ich, es gibt Kräfte, die uns für kurze Zeit emporheben, damit wir sehen, wie leer und einsam wir als Sieger dastehen.«

Vom Pferd erzählen

Wohl dem, der eine Pferderennbahn als Festplatz des Sozialen wahrnehmen und den Menschen bei ihrem sonderbaren Treiben während und nach den Rennen zusehen kann. Wer öfter kommt, gehört bald zu denen, die staunend betrachtet werden, und nimmt selbst bestenfalls noch die Zahlenkolonnen auf den in großer Menge vorhandenen Bildschirmen wahr. Der suchende Blick durchs Fernglas folgt nicht der Schönheit bewegter Pferdekörper, sondern prüft, ob das zu wettende Pferd die Beine richtig voreinander setzt. Bewegt der Esel sich heute nicht ein wenig klamm? Ist er zu nervig? Lief er zuletzt nicht mit einem halboffenen Zaum? Der entschlossenen Gewissheit im Moment der Wettscheinabgabe folgen die Minuten des Zweifels bis zum Rennbeginn. Die großen Tiere sind Mittel zum Zweck.

Kurz vor dem Rennen gehen alle Energien aufs Geld. Beim Wetten liegt am Ende der vorn, der bereits vor einem Rennen ein lahmendes Pferd zu erkennen in der Lage ist, um es sodann aus seinen Überlegungen zu streichen. Die Zeit zwischen den Rennen ist für den Pferdewetter knapp bemessene Arbeitszeit. Der Input an Daten und die letzten Erkenntnisse müssen binnen Minuten in ein Erfolg versprechendes Wettsystem überführt werden. »50 Sieg. 50 Platz und die Einläufe ohne Absicherung geradeaus.«

Es bleibt keine Zeit für den Genuss schöner Bilder und die Freude an dampfenden Hälsen. Wer jetzt an Pferde

denkt, hat den Sinn der Veranstaltung nicht begriffen. Tierliebe mag es andernorts geben, auf der Rennbahn sollte man ihre Abwesenheit nicht beklagen. In der Atmosphäre kühler Erregung kommen Sentimente nicht vor, und die mit den schönen Namen verlieren fast immer. Franz Kafka wusste um die Vielfalt gemischter Gefühle, die durch den Ausgang eines Rennens hervorgerufen werden können. »Nichts, wenn man es überlegt«, schrieb er in seiner Parabel ›Zum Nachdenken für Herrenreiter‹, »kann dazu verlocken, in einem Wettrennen der Erste sein zu wollen. Der Ruhm, als bester Reiter eines Landes anerkannt zu werden, freut beim Losgehen des Orchesters zu stark, als dass sich am Morgen danach die Reue verhindern ließe. (…) Viele unserer Freunde eilen den Gewinn zu beheben, und nur über die Schultern hinweg schreien sie von den entlegenen Schaltern ihr Hurra zu uns; die besten Freunde aber haben gar nicht auf unser Pferd gesetzt, da sie fürchteten, käme es zum Verluste, müssten sie uns böse sein, nun aber, da unser Pferd das erste war und sie nichts gewonnen haben, drehn sie sich um, wenn wir vorüberkommen, und schaun lieber die Tribünen entlang.« Einer wie Kafka wusste viel von den Niederlagen, die selbst im Augenblick des Sieges noch verborgen lagen. »Vielen Damen«, schreibt er, »scheint der Sieger lächerlich, weil er sich aufbläht und doch nicht weiß, was anzufangen mit dem ewigen Händeschütteln, Salutieren, Sich-Niederbeugen und In-die-Ferne-Grüßen, während die Besiegten den Mund geschlossen haben und die Hälse ihrer meist wiehernden Pferde leichthin klopfen. Endlich fängt es gar aus dem trüb gewordenen Himmel zu regnen an.« Wo die Menschen derart mit sich und ihrem Geld befasst sind, da ist kein Platz für Tiere.

Irgendwann freilich glaubt auch der härteste Zocker die Seele jener Wesen zu entdecken, denen er einen Großteil seines Geldes Renntag für Renntag mit auf den kurzen Weg über die Distanzen zwischen 1600 und 3100 Metern gibt. Jörg Fauser vermochte einst ein Morgenbesuch auf der Trabrennbahn Mariendorf in Wallung zu versetzen, den er in seinem Essayband ›Blues für Blondinen‹ (Berlin 1981) beschreibt. »Jetzt biegen sie in den Kasinobogen ein, und du siehst sie ganz nah vor dir und du spürst das Zittern, das Beben und du spürst, dass du selbst bebst, was ist denn los? Du könntest lauthals jauchzen vor Glück, (…) so ein früher Morgen, das ist ja ein ganz neuer Anfang, und du hast nicht einmal an Geld gedacht, bis du wieder in die Stadt fährst.«

Eines Tages kam auch ich an meinem Pferde-Erlebnis aus nächster Nähe nicht mehr vorbei. Der dichte Terminkalender des Berliner Trabertrainers Michael Hönemann wollte es, dass er donnerstags Rennen in München zu absolvieren hatte und den Freitagabend darauf in Paris an den Start gehen sollte. Kein Problem für den Trainer, wohl aber eins für den Transporteur. So kam es, dass der Hengst Chryoso von zwei seiner Fans in Richtung Paris befördert wurde, die mit den Künsten der Pferdepflege wenig bis gar nicht vertraut waren. Gewiss, der Trainer hatte vielfältige Hinweise gegeben. Wie man Chryoso das Wasser reicht, wie man ihm Zugang zum Heuballen verschafft und wie man ihn am Halfter vom Anhänger holt, damit er sich auf dem Parkplatz ein

wenig die Beine vertreten möge. Zwölf Stunden auf der Straße erfordern eine gehörige Portion Pferdegeduld. In den Fahrpausen sahen wir zu Chryoso hinein und redeten ihm beruhigend zu. Wir waren uns nicht im Klaren darüber, inwieweit er uns überhaupt registrierte. Er nahm die ganze Prozedur mit stoischer Gelassenheit hin. Wir hingegen fürchteten schon die Schlagzeile: Rennpferd auf der Autobahn ausgebrochen. Allein die Vorstellung vom Pferd auf dem Hänger ließ uns immer wieder einmal kurz auf die Bremse treten.

Chryoso war nicht irgendein Pferd, sondern das beste im Stall des mehrfachen deutschen Vizemeisters Michael Hönemann. Beinahe jeden seiner Starts hatte ich verfolgt. Mit den Lebensjahren war er immer besser geworden. Als er dreijährig erstmals in Gelsenkirchen an den Start ging, hatte ich ihn einem Freund als Tipp empfohlen, selbst aber von einer größeren Wette abgesehen. Zocker tun sich schwer, die Pferde zu wetten, mit denen sie etwas verbindet. Und nun das: Ich hatte Chryoso im Hänger. Der Start in Paris-Vincennes sollte ein Test sein, ob der Hengst auch bei internationalen Rennen eine Rolle spielen kann. Wir waren in rennsportlicher Mission unterwegs und uns vollkommen sicher, einen Beitrag zu Geschichte des Trabrennsports zu leisten. Zum Zeitpunkt unseres Ausfluges war Chryoso sechs Jahre alt. In der Zwischenzeit ist der Hengst, der fast 300 000 Mark an Renngewinnen verdient hat, älter und auch ein wenig müder geworden, aber an einem guten Tag kann er noch immer alle schlagen. Heute geht er auch nicht mehr jedes Mal als Favorit ins Rennen. Manchmal kann man mit ihm sogar eine Menge Geld verdienen. Wie neulich, als ich durch einen kleinen Fehler, Chryoso war Zweiter geworden, knapp 2 000 Mark, na ja, verschenkt habe. Natürlich habe ich im Lauf der Zeit immer wieder auf ihn gesetzt. Den letzten Gewinn hat Chryoso mir im Februar 2 000 eingebracht, rund 800 Mark. Den favorisierten Hengst Germane hat er auf der Linie »weggehauen«, wie es im Zockerjargon so schön heißt. Ein gutes Rennpferd vermag die Lebenszeit eines Wetters rund zehn Jahre zu begleiten. Das schafft Beziehungen, selbst wenn man keine Gelegenheit bekommt, einen Pferdetransporteur abzugeben.

Neben Chryoso gab es denn auch noch andere Liebschaften. Reado zum Beispiel. Der hatte die Angewohnheit, auf der Parade den Hals so zu verdrehen, dass er ins Publikum schauen konnte. Manchmal blieb er sogar stehen, als suche er eine bestimmte Person. Reado bekam das Attribut »eisenhart« verliehen, weil er eine mehr als zehn Jahre während Rennlaufbahn auf höchstem Niveau absolviert und deutlich über eine Million kassiert hat. Aber es gibt auch weniger prominente Lieblinge.

Evila war ein giftiges Pferd, die im Stall kaum einen in ihre Nähe ließ und unvermittelt beißen oder treten konnte. Selbst Michael Hönemann, ihr Trainer, hatte vor ihr gehörigen Respekt. Im Rennen war sie die Ruhe selbst und ließ sich mühelos steuern, auch von Fremden. Eines der ersten Pferde, die ich ins Herz geschlossen habe, war Redondo, der in den kalten Wintermonaten in Mariendorf immer wieder an den Start kam. Bora Ghibli, Zyanstar und Lass Gold sind für mich Erkennungszeichen aus einer anderen Zeit. Gelegentlich blät-

tere ich im dreibändigen Gestüt-Buch des Hauptverbands für Traberzucht und -Rennen (HVT), sinniere über Pferdekarrieren und erfreue mich an der Nachkommenschaft einer Puff Hanover, die in der Glanzzeit des Kaffeerösters Günter Herz vom Gestüt Lasbek ein Wunderpferd nach dem anderen geboren hat. Ach, ja.

Mit wenig Schlaf, aber ohne Zwischenfälle erreichten wir schließlich Paris-Vincennes, die heilige Stätte des Trabrennsports mit ihrem schwarzen Sandbelag. Bei diesem Anblick schlagen Pferdewetterherzen schneller. Gebetsartig kommen weitere Namen ins Spiel: Une de Mai, Roquepine, Ourasi. Man kann es auch so sagen: Die Beziehung des Wetters zum Pferd ist religiöser Natur.

Chryoso wurde eine Box zugewiesen. Wir warteten unterdessen auf Michael Hönemann, der pünktlich aus München angereist kam, um seinem Lieblingspferd den nötigen Auslauf zu verschaffen. Noch waren es acht Stunden bis zum Rennen. Chryoso beschäftigte bis dahin die Journalisten der französischen Fachpresse. Man fragte Hönemann nach Chryosos Rennleistungen und Hönemann erkundigte sich nach den Gegnern. Das Pferd einigermaßen problemlos in der Box abgeliefert, hatten wir als Ersatztransporteure beim Fachgeplapper wieder sicheren Boden unter den Füßen. Nach der Transportnacht glaubten wir an die Siegchancen unseres Pferdes, das als Starter aus dem Ausland natürlich keine Favoritenrolle innehatte. Als Chryoso vor dem Start auf das Geläuf lief, sah er wie ein Sieger aus. Erfahrene Wetter spüren so was.

Selbst auf der Zielgeraden sah Chryoso noch wie ein Sieger aus. Wir hatten nicht alles, aber einiges auf

›unser Pferd‹ gesetzt. Die gemeinsamen Stunden auf der Autobahn schweißten zusammen. Ein Freund, ein guter Freund … Innerlich wieherten wir fast und wähnten uns an der Auszahlkasse. »Geben Sie das Geld in großen Bündeln. Ja, wir waren die, die den Sieger hierher gebracht haben. Danke, wir nehmen auch 1 000-Francs-Scheine.«

Chryoso gewann aber nicht. Als es ums Ganze ging, sprang er in führender Position kurz an und wurde disqualifiziert. Die Fachjournalisten versäumten später nicht, gut über ihn zu schreiben. Chryoso habe seine internationale Feuerprobe bestanden. Die Fachpresse schreibt ausschließlich in Pathosformeln. Das schlechte Gewissen, irgendwie einer illegitimen Veranstaltung zu frönen, glorifiziert den Gegenstand. Uns blieb nach Chryosos Niederlage kaum mehr als die Vorbereitungen für den Rücktransport zu treffen, zu dem nun auch Chryosos angestammte Pflegerin Simona eingetroffen war. Unsere Transportverpflichtung war also nur noch aufs Autofahren beschränkt. Unsere Verluste hatten wir bei französischem Essen und Wein gemeinsam mit Hönemann dem Vergessen übergeben. Man ist zwar jede Woche auf irgendeiner Rennbahn, aber nicht immer in Vincennes.

Chryoso hatte nun schon viele Stunden auf dem Hänger und ein schweres Rennen mit unglücklichem Ausgang hinter sich. Auf all den vielen Kilometern, quer durch Belgien, an Aachen und Köln vorbei in Richtung Hannover, hatte er keinen Laut von sich gegeben. Gelassen wie die Hinreise ertrug er auch die Rückfahrt. Wohl hatte er zum Ausdruck gebracht, dass die mit ihm vertraute

Simona, früher selbst einmal eine erfolgreiche Nachwuchsfahrerin, ihm mehr behagte als der Umgang mit seinen beiden Ersatztransporteuren. Wir ließen uns den Eindruck jedoch nicht nehmen, dass er uns akzeptierte, irgendwie. Chryoso, versicherte Simona, sei ein pflegeleichter Fall. Ein anderes Pferd hätte Michael Hönemann uns gewiss nicht anvertraut. So einen wie Chryoso nennt man im Fachjargon einen Phlegmatiker, der hat die Ruhe weg.

Endlich in Berlin, steuerten wir schon auf die Trabrennbahn Mariendorf zu, Chryosos Heimatbahn. Bei der Einfahrt in den Mariendorfer Damm fing das über Stunden völlig ruhige Pferd in seinem Wagen heftig an zu poltern und traktierte mit den Hufen die Anhängertür. Wir fürchteten Schlimmes. Simona beruhigte uns. Der ganze Wagen wackelte und bei der Einfahrt auf die Rennbahn unterstützte Chryoso seinen Krawall noch durch kräftiges Wiehern, das von anderen Pferden auf der Rennbahn erwidert wurde. Chryoso hatte sein Revier durchfahren und allen signalisiert, die es möglicherweise nicht bemerkt hatten: Der Chef ist wieder da. Paris ist nichts gegen das Reviergefühl eines Pferdes.

Zu den Heimatgefühlen von Pferden konnte auch der schwedische Trainer Rolf Hafvenström eine Episode beitragen. Die Stute Ulamba zählte über mehrere Jahre zu seinen besten Pferden und war eine der schnellsten Berliner Stuten. Irgendwann befand Hafvenström, Ulamba habe einmal ein paar Wochen Erholung verdient. Mit einigen Mutterstuten schickte er sie auf ein Gestüt nach Schweden, wo sie neue Kräfte für den anstrengenden Rennbetrieb schöpfen sollte. Beinahe grenzenlose Koppeln und die Gemeinschaft anderer Pferde sollte sie für die Enge ihrer Box im Mariendorfer Stall wenigstens ein paar Wochen lang entschädigen. Nach ein paar Tagen jedoch erreichte Hafvenström ein Anruf aus Schweden. Alle Pferde seien wohlauf, nur Ulamba bereite einige Sorgen. Sie verweigere das Futter, sei äußerlich aber völlig gesund. Es sei das Beste, wenn er die Stute zurück nach Berlin hole, um sich selbst ein Bild zu machen. Als Ulamba ihre Box am viel befahrenen, vierspurigen Mariendorfer Damm wieder bezogen hatte, kehrten auch ihre Lebensgeister zurück. Die schnelle Stute hatte nichts als Heimweh. Das nächste Rennen gewann sie überlegen. Sie war ja wieder zu Hause.

Als Wetter ertappt man sich irgendwann dabei, dass derlei Pferdegeschichten einen anrühren, auch wenn man mit Pferden nicht sonderlich viel zu schaffen hat. Als Wetter ist man relativ weit vom Geschehen weg. Irgendwann kam ich aber noch näher heran als bei unserem Transport von Chryoso nach Paris. Die Rennveranstalter machen regelmäßig Gästerennen, bei denen sie Leute ins Sulky lassen, die nicht dazu qualifiziert sind. Die Rennvereine machen das, um mögliche Sponsoren für ihren Sport zu begeistern, und tatsächlich sind auf diese Weise wohl schon einige Leute in den Genuss gekommen, ein Wettrennen selbst zu fahren. Der geheime Gedanke dahinter ist bei den Trainern vor allem auch der, dass diese betuchten Gäste in Bälde Gefallen an der Sache finden und eine Karriere als Rennstallbesitzer in Angriff nehmen. Damit diese Form der Rennen, die für das Wettpublikum eher ein

52

Ärgernis darstellen, besser vermarktet werden, lädt man außerdem noch regelmäßig Journalisten zu Gästefahrten ein. Ich war im Juli 1991 dran. Derby-Woche in Berlin, 5 000 Zuschauer und ich mit Valdivicus. Fünf Minuten vor dem Start war ich schon schweißgebadet. Valdivicus pullte wie verrückt, will sagen, ich konnte an der Leine ziehen, wie ich wollte, er rannte immer weiter. Als das Rennen begann, war ich schon mit den Nerven am Ende. Aber es kam noch schlimmer. Ich lag gleich vorn, hörte aber plötzlich hinter mir ein Geraune, »Weg da«-Rufe. »Mach auf, mach da auf!« So ein Quatsch, dachte ich, so kann ich doch nicht gewinnen. Erst allmählich begriff ich, dass sich hinter mir ganz andere Dramen abspielten. Ein anderes Pferd lief im gestreckten Galopp und fand keinen Weg aus dem Pulk heraus. Es stellte für alle eine große Gefahr dar. Bei ähnlichen Gelegenheiten war es schon zu schweren Stürzen gekommen. Bislang war es nur meine Aufgabe gewesen, vorwärts zu fahren und keinen vorbei zu lassen. Nun konnte ich mein Geschick beweisen. Auch das noch. Ich nahm Valdivicus nach außen, versuchte aber die Spur zu halten, denn nun ging es um den Sieg. Das galoppierende Pferd konnte innen durchschlüpfen und sich so aus der Gefahrenzone begeben. Valdivicus ließ sich trotz meiner Pilotentätigkeit den Sieg nicht mehr nehmen. Ein anderes Mal, ich hatte inzwischen den Ruf eines Schnellstarters, schoss ich in Berlin-Karlshorst mit Corsim gleich an die Spitze des Feldes und legte gut 12 Längen vor. Kaum einer kam in unsere Nähe. Dann aber wurde Corsim müde. Schließlich liefen alle an ihm vorbei und wir wurden Letzte. Den

Ärger hatten aber doch die anderen. Der Stolz des Gästefahrers besteht darin, vom Rennen anschließend eine Videokassette zur Dokumentation seiner Heldentaten ziehen zu lassen. Pech für den Sieger. Über 1500 Meter hatte Corsim einsam und allein seine Kreise gezogen, so dass die Gegner gar nicht ins Bild kamen. In der Rennverfilmung sieht man beinahe ausschließlich Corsim. Erst als er aufgab und ich ihm nicht weiter zusetzen wollte, rückten die anderen nach. Man sieht sie auf der Kassette gerade noch durchs Bild huschen. So richtig stolz war ich als Gästefahrer allerdings nicht auf den Sieg mit Valdivicus oder einen zweiten Platz mit General Dancer, sondern auf ein kurzes Rennen und die anschließende Disqualifikation mit Abakan. Der 14-Jährige war ein unsicherer Kantonist und schwer zu steuern. Mit ihm ins Ziel zu kommen, wäre schon mein Sieg gewesen. Daraus wurde nichts. Ich sah mich vielmehr in der gleichen Situation wieder wie einst mein Gegner im Rennen mit Valdivicus. Abakan galoppierte mit den Pferden mit und ich war nur noch bemüht, Kollisionen zu verhindern. Durch einfühlsames Führen der Leine gelang es dann auch, Abakan wieder zum normalen Trab zu überreden. Ich hatte irgendwie mit ihm gesprochen, allen Ernstes und in Worten, und er hat, ich schwöre es, jedes Wort verstanden. So ist das mit Wettern, wenn sie nicht unter, sondern hinter das Pferd geraten.

Es muss mit der Summe verlorener Wetten zu tun haben, dass der milde Kitsch solcher Erzählungen den Rennbahnfreund bewegt. Natürlich haben Wetter Lieb-

lingspferde, aber nicht immer ist es ihnen möglich, auf diese auch zu wetten. Unvergessen bleiben wird der Derby-Sieg von Gottlieb Jauß mit Tornado Hanover 1988. 18 Jahre war es her, dass ein Berliner Pferd das Derby gewonnen hatte. Gottlieb Jauß und Tornado Hanover waren bloß Außenseiter. Im Grunde glaubten nur die Jauß-Fans an eine Chance. Jauß stammte aus einer traditionsreichen bayerischen Traberfamilie. Sein Vater und sein Großvater, die ebenfalls Gottlieb hießen, hatten das Derby schon gewonnen. Gottlieb Jauß III. war trotz vieler Siege und Championate im Derby meistens chancenlos. Selbst als Tornado Hanover mit der Führung in die Zielgerade einbog, glaubte niemand an den Sieg. Ich hatte auf Heaven gewettet, der schon zum Schlussangriff ansetzte. Heaven rückte immer näher, aber Tornado Hanover blieb vorn. Gottlieb Jauß musste einen Trick auf Lager gehabt haben. Beim Einbiegen in die Zielgerade war er plötzlich den Gegnern ein paar Längen voraus. In der Zeitung las man später, in Mariendorf wisse niemand so gut wie Gottlieb Jauß, wo das Ziel steht. Heavens Schlussspurt kam tatsächlich zu spät. Ein beträchtlicher Wettgewinn war wieder einmal zerstoben. In einem Anflug glückseligen Irreseins zerriss ich jedoch meinen Schein, mit dem ich auf den Sieg von Heaven gewettet hatte, und jubelte Jauß und Tornado Hanover zu. Als ich an die Rails kam, traten mir Tränen in die Augen. Bei der Siegerehrung zum Derby, von denen ich seit 1984 keine verpasst habe, fange ich immer an zu flennen. Es gibt Momente im Zockerleben, die haben nichts mit Quoten und dem Einstreichen von Geldscheinen zu tun.

Im Sommer 1999 ging ich in ein Frankfurter Buchmacherlokal in der Kaiserstraße, um noch auf ein paar Abendrennen aus Mariendorf zu wetten. Als ich auf einem Hocker Platz genommen hatte, bemerkte ich, dass aus Berlin gerade eine Trauerfeier übertragen wurde. Wenige Tage zuvor war Gottlieb Jauß bei einem Autounfall ums Leben gekommen. Die unbeholfenen Trauerreden erinnerten mich noch einmal an den »gelben Mann«, der im Derby 1988 nicht mehr von der Spitze gewichen war. Gottlieb Jauß wird bald nur noch ein Name in den Gewinnlisten sein. Für mich aber bleibt er derjenige, der Wilder Wein zum Seriensieger gemacht hat, nachdem alle an dem Pferd verzweifelt waren. Jauß galt als Spezialist für hoffnungslose Fälle. Auf der Rennbahn gibt es viele davon. Und so stand ich in Frankfurt beim Buchmacher und tat, was kein Wetter wegen einer verlorenen Wette tut: ein bisschen heulen.

Die Besichtigung eines Trabergestütes in Mittelschweden in der Nähe der Rennbahn von Axevalla trug Anfang der neunziger Jahre dazu bei, mein Verhältnis zu Pferden wenigstens ein Stück weit wieder der Realität anzunähern. Dem legendären, inzwischen eingegangenen französischen Weltklasse-Traber Ideal du Gazeau, Sieger im Prix d'Amérique, begegnete ich in undelikater Position. Man nötigte ihn, ein Phantom zu besteigen. So nennt man einen Holzbock, der dem Deckhengst eine Stute vortäuschen soll, die ihn zum Abspritzen seines Samens in eine Plastikschatulle animiert. Der von uns auf der Rennbahn so bewunderte Ideal du Gazeau tat, wie ihm geheißen, und verließ mit einem etwas blöde irritierten Gesichtsausdruck die Szenerie. Man sollte

seinen Idolen so nicht begegnen – und seien es auch bloß Pferde.

Als Nächster war Napoletano dran, Ende der achtziger Jahre einer der besten amerikanischen Traber, der nicht weniger verdutzt vom Phantom herunterkletterte. Die Helden der Rennbahn, ratlos. Der Schatulleninhalt wurde in kleine Portionen geteilt und später tiefgefroren. Beim Laborbesuch durften wir die Reagenzgläschen mit dem Samen von Ideal und Napoletano schütteln. Wie viele Sieger von morgen hielten wir in der Hand? Die Gefrierbesamung ist neben der Frischbesamung die am häufigsten angewandte Methode der künstlichen Befruchtung in der Pferdezucht. Bis zu 150 Nachkommen pro Decksaison und Pferd werden auf diese Weise gezeugt, ohne dass Napoletano und Co. auch nur eine lebende Stute zu Gesicht bekommen würden. Der so genannte Natursprung, aus Menschensicht ein recht drastischer und für die Stuten oft schmerzhafter Vorgang, wird nur noch von kleinen Züchtern praktiziert. Wo der Pferderennsport professionell betrieben wird, entstehen Pferde auf der Basis industrieller Fertigung. Im Reitsport hat man bereits erfolgreich mit Embryotransfers experimentiert. Auf diese Weise können Stuten mit guten Referenzen mehrmals pro Saison trächtig gemacht werden. Die hochwertigen Erbanlagen werden vervielfältigt, während weniger wertvolle Muttertiere die Frucht austragen. Die Öffentlichkeit ist inzwischen geübt darin, die Methoden der Sportindustrie zu rügen. In schöner Regelmäßigkeit werden auch Reportagen über Tierquälerei im Pferdesport publiziert. Es gibt daran wenig zu beschönigen. Die meisten Wetter wissen, was auf der Rennbahn gespielt wird. Im »winner circle« aber, wenn die Sieger Interviews in Mikrofone sprechen, geben sich noch die härtesten Hunde als gerührte Tierliebhaber zu erkennen. Und wahrscheinlich sind sie es sogar.

Geldstile

Es gibt Tage, da kann man einfach nicht verlieren. Was man auch anfängt, läuft auf Gewinn hinaus. Der richtige Riecher verfolgt einen und weicht einem nicht mehr von der Seite. Der Zocker weiß, er hat den Lauf. Die Farbe des Geldes signalisiert Gelingen. Tage wie diese sind selten. Eigentlich kommen sie fast gar nicht vor, aber jeder Wetter weiß, es gibt sie. Jeder hat schon einmal einen solchen Tag erlebt. Man wettet gegen seine Überzeugung aufs Geratewohl, der erklärte Favorit kollidiert während des Rennens mit einem anderen Teilnehmer und verliert. Die Intuition trägt den Sieg davon, man muss seinen Riesengewinn nur noch abholen. Zwei Rennen später gewinnt man, weil man sich auf dem Wettschein zu seinen Gunsten verschrieben hat. Peinlich genug, aber soll man den Gewinn verschmähen? In dem Moment, in dem die Hunderter hingeblättert werden, gewinnt man Lebenszeit zurück. Aufgeschoben der Weg zur Bank, um den Dispositionskredit erhöhen zu lassen.

Es gibt Tage, an denen das Geld in der Tasche einfach nicht alle wird. Man geht einkaufen, leistet sich vom Gewinn ein Paar Budapester Schuhe und schaut auf dem Nachhauseweg noch kurz im Buchmacherlokal vorbei. Eine Blindwette nach Mönchengladbach trifft eine Quote zum Scheinlimit, eine Grenze, die der Buchmacher einbaut, um durch Glückstreffer seiner Kunden nicht bankrott zu gehen. An solchen Tagen ist es diese

Wut des Verlierenwollens, die einen zu immer höheren Gewinnen treibt.

Weil Tage wie diese nicht vorhersehbar sind, kann es nicht schaden, auf der Rennbahn Kontakte zu Menschen zu pflegen, die über einen privilegierten Zugang zum Wissen verfügen. Auf der Trabrennbahn in Gelsenkirchen suchten wir eines Tages den finnischen Traberguru Tappani Suominen auf. Er unterhielt auf der Rennbahn einen Laden mit Pferdesportartikeln, trainierte aber auch ein paar Pferde, ohne im Besitz einer Trainerlizenz zu sein. Suominen ist Autodidakt. Mit allen Wassern gewaschen, hatte er in Zusammenarbeit mit dem Olympiasieger im Springreiten, Alwin Schockemöhle, Mitte der achtziger Jahre die besten deutschen Traber trainiert. Der Derby-Sieg von 1986 durch Every Way mit Wim Paal war sein Werk. Bald danach überwarf Suominen sich mit Schockemöhle und backte in Gelsenkirchen wieder kleinere Brötchen. Als wir ihn in seinem Laden trafen, sortierte er gerade Gummi-Boots, so nennt man die elastischen Stulpen, die Pferden über die Hufe gezogen werden. Im siebten Rennen, meinte Suominen, sollten wir das von ihm trainierte Pferd spielen. Ein Riesenaußenseiter, aber er könne es machen.

An manchen Tagen trifft man wie zufällig die richtigen Leute. Aberglaube ist auf der Rennbahn nicht irgendeine Marotte, sondern ein Produkt der Erfahrung. Als die Pferde für das siebte Rennen ihren »Heat«, das Aufwärmungsprogramm verabreicht bekommen, hören wir, wie die Pflegerin des favorisierten Pferdes aus dem Stall des Champions Heinz Wewering einem Bekannten die knappe Formel zuruft: »Taschen zu«. Wir wissen Bescheid und glauben noch intensiver an Suominens Weissagung. Es ist Großkampftag in Gelsenkirchen, das Wochenende zum Elite-Rennen, an dem auch eine stattliche bayerische Pferde-Armada angereist ist. Ein schon etwas angetrunkener Münchner Journalist flüsterte uns Keystone Varus als Tipp für das siebte Rennen zu. Nun verfügten wir schon über drei Informationen. Was für ein Tag! Aber wie übersetzt man das Wissen oder besser, die Vermutungen, in die richtige Kombination? An den Tagen, an denen man nicht verlieren kann, kreuzen die seltsamsten Gestalten unseren Weg. Zur Vollendung unseres Glücks bedurfte es noch des bayerischen Journalisten.

Anfang der neunziger Jahre gab es in den Wettbestimmungen noch die Regelung, dass auf der Rennbahn von den Wettern nicht getroffene Wetten in beliebiger Reihenfolge ausgezahlt werden. Wenn kein Wetter richtig lag, bekam auch der Geld ausbezahlt, der alle drei vorn platzierten Pferde auf seinem Wettschein angekreuzt hatte. Keystone Varus und Herbert Eisenmann, der Tipp des Bayern, hatten schließlich gewonnen und Suominens Geheimtipp mit dem Nachwuchsfahrer Frank Kelm war Zweiter geworden. Wir hatten es genau falsch herum angekreuzt. Unser Münchner Freund schaltete schnell. Er hatte zumindest die Zweierwette getroffen und bot uns blitzschnell die Teilhabe an seinem sicheren Gewinn für die Möglichkeit an, dass wir in den Genuss des ganz großen Gewinns der Dreierwette kämen, falls niemand auf der Bahn die richtige Reihenfolge des Einlaufs getippt habe. In einer Stadt voller Tauben wie Gelsenkirchen hört sich das blöd an, aber wir ergriffen die Chance, den Spatz in der Hand der Taube auf dem Dach vorzuziehen. Wir hatten den Lauf, wie es im Rennbahnjargon heißt. Alles läuft für einen. Es gab keinen Gewinner, also zahlte der Rennverein auf die beliebig getippte Reihenfolge aus. Mit dem Münchner Journalisten teilten wir mehr als 30 000 Mark durch drei. Es gibt, wie gesagt, Tage, da kann man nicht verlieren.

Wer derlei Magie über die Phasen zwangsläufigen Gewinns nicht gleich als puren Blödsinn abtut, ist für die Leidenschaft der Pferdewette nicht vollends verloren. Was jetzt noch schief gehen kann ist, seinen Lauf nicht zu nutzen. Spieler wissen, dass man im Moment der »großen Anschaffe« Fehler machen kann. Wetter sind abergläubisch und haben gelernt, schlechte Phasen mit grenzenloser Geduld zu durchleiden.

Natürlich gibt es weit mehr Tage, an denen einfach nichts läuft. Man versucht alles, variiert seine Systeme, beobachtet die Pferde durchs Fernglas und schnappt Informationen des Stallpersonals auf. Irgendeinen, der mehr zu wissen behauptet, kennt jeder. Das Schlimme ist, dass diese Typen oft Recht haben, man aber gerade – nicht selten aus guten Gründen – nicht auf sie gehört hat. Man sollte auf überhaupt niemanden hören. Wer längere Zeit auf Pferde wettet, hat ohnehin zu viele Stimmen im Kopf. Die richtige Erkenntnis muss sich auf der Rennbahn nicht zwangsläufig in Wettgewinn verwandeln. Wenn die Form fehlt, dann hilft nur weiter wetten und aushalten. Pferdewetter sind beharrliche Menschen. Sie können nicht aufgeben, viele schaffen es nicht einmal, gelegentlich auszusetzen. Das Rennbahnleben ist ein Kompendium vielfältiger Spielertypen und Geldstile.

Walter Römer zum Beispiel war ein stadtbekannter Berliner Rennbahnbesucher, der seine Spielleidenschaft ein Leben lang unter Kontrolle zu halten versuchte. Er war ein Gelegenheitsspieler, als er Anfang der dreißiger Jahre nach Berlin kam, und er beherrschte mehr als 40 Kartenspiele, praktisch und theoretisch. Er nahm an Turnieren teil, suchte hin und wieder Klubs auf und traf sich mit Gleichgesinnten in privaten Runden. Hier spielten Wehrmachtsangehörige, Geschäftsleute, Künstler. Die meisten zum Zeitvertreib, einige professionell. Ein Bekannter Römers ist von Beruf Falschspieler gewesen, mit dem Auto reiste er in die Kurorte, nach Bad Doberan zum Beispiel, wo es auch eine Galopprennbahn gab. Diese Sorte Handelsreisender hat es vielfach gegeben. Menschen aus verschiedenen Milieus trafen beim Nachgehen ihrer gemeinsamen Neigungen zusammen. Irgendein Spiel lief immer, und die Kartenspieler flüsterten sich die Orte des illegalen Glücksspiels zu. In einer der Spielrunden sprach irgendjemand auch vom Pferderennen. Er habe für Sonntag einen todsicheren Tipp, sagte ein Mitspieler. Walter Römer, der damals noch nicht lange in Berlin war, hatte bis dato noch keinen Rennplatz betreten, aber die Aussicht auf einen Wettgewinn ließ ihn nicht lange zögern. Am nächsten Tag setzte er auf den Tipp des Bekannten und verlor. »Damals begannen meine Leiden«, sagte er mit einem wissenden Lächeln. Den Satz hatte Walter Römer schon oft von sich gegeben. Geübt darin, Geschichten aus seinem Leben in Anekdotenform zu erzählen, war der Satz eine Art Einleitungsfloskel seiner Initiation zum Wetten. Es ist keine spektakuläre Geschichte, aus ihr erfährt man nicht, wie und warum das Spielen und Wetten sein ganzes Leben beeinflusst haben. Dem Bekannten gab er die Chance zum Wiedergutmachungstipp. Es klappte, Walter Römer gewann und nahm fortan seine Geschicke beim Pferdewetten selbst in die Hand. Die Reichshauptstadt bot dazu Gelegenheit in Hülle und Fülle. In Hoppegarten und Strausberg liefen Galopper um die Wette, in Ruhleben und Mariendorf wurde getrabt, in Karlshorst fanden Jagd- und Hindernisrennen statt. Kaum ein Tag verging, an dem nicht irgendwo Pferde um die Wette liefen. Walter Römer wurde bald zum regelmäßigen Turfbesucher. Vom Wechsel seines Vaters für den studentischen Lebensunterhalt zweigte er stets etwas für seine Spielleidenschaft ab.

Nach dem Ablegen des juristischen Staatsexamens musste er Berlin verlassen, um ein Referendariat in Münster zu beginnen. Aber der eben erlernte Beruf behagte ihm wenig. Schon nach wenigen Monaten in der westfälischen Provinz zog es ihn zurück in die Reichshauptstadt. Großstadtleben, Kartenspiel und Pferderennen, das alles mochte er nicht für ein eintöniges Berufsleben in der Provinz hergeben. Nach nicht einmal einem Jahr quittierte er für immer den Staatsdienst und kehrte nach Berlin zurück.

Walter Römer erzählte diese Episode wiederholt beiläufig, als sei es eine beliebige Entscheidung gewesen. Er sollte nie wieder als Jurist arbeiten. Sein Bruder verschaffte ihm vorübergehend eine Stelle als Wachmann. Er verdiente damit sein Geld für den Lebensunterhalt

und hatte genügend Zeit für sein Spiel. In der Literatur, bei Dostojewski, Schnitzler oder Stefan Zweig, spitzen sich die Erzählungen von Spielern an dieser Stelle tragisch zu. Was als harmlose Episode beginnt, nimmt dämonische Gestalt an. Schnitzlers Hauptfigur in ›Spiel im Morgengrauen‹ erschießt sich, bevor der Onkel mit dem rettenden Geld kommt. Auch in Zweigs Novelle ›Vierundzwanzig Stunden aus dem Leben einer Frau‹ begeht der Spieler Selbstmord. In den Erzählungen und Romanen ist das Glücksspiel stets eine Metapher der seelischen Konflikte der Protagonisten. Jolan Neufeld interpretierte Dostojewskis ›Spieler‹ schon 1923 in diesem Sinne. Das Gewinnen beim Roulette befriedige Inzestwünsche, das Verlieren sei harte Selbstbestrafung. Ähnlich hat Freud Dostojewskis exzessives Spiel betrachtet. Er verarbeite darin Tötungsabsichten, die auf den Vater gerichtet seien. Beim Spiel, so weitere Untersuchungen, sucht der narzisstische Charakter eine innere Leere auszufüllen. Es gehe um die immer gleiche Frage: Liebt mich das Schicksal, liebt es mich nicht?

In Walter Römers Spielerbiografie gibt es keinen narrativen Höhepunkt. Das Spiel hat sein Leben geprägt, aber nicht ruiniert. Nie hat er das Niveau einer geordneten bürgerlichen Existenz unterschritten. Nach dem Krieg arbeitete er als Bibliothekar im Berliner Iberoamerikanischen Institut. Er habe immer auf die Vernunft des Spiels Wert gelegt. Der Einsatz müsse in einem proportionalen Verhältnis zum Gewinn stehen. Die Absicht, wenig zu setzen und viel zu gewinnen, mache die meisten zu Verlierern. Es komme darauf an, auf Dauer mehr als den Einsatz zu gewinnen. Von Walter

Römer waren keine Geschichten darüber zu hören, wie er Geld zum Spiel auftreiben musste oder ob er sich je verschuldet hat. Immer nur das zu verspielen, was man zu verlieren sich leisten kann, ist ein Spielergrundsatz, den allzu viele Spieler wider besseres Wissen regelmäßig verletzen. Für Walter Römer waren Einsatzspiele strukturierte Kompositionen, nie rauschhafter Exzess. Mit Begeisterung sprach er von Systemen und Berechnungsmöglichkeiten. Er wettete nicht einfach, er konzipierte eine Wette. Im Gegensatz zu dem Spieler, der seine Leidenschaft zu verbergen versucht, trachtete er danach, Anerkennung für seine rationale Spielweise zu erhalten. Wie jedem Spieler kam es freilich auch ihm darauf an, mit seinem Einsatz ein Stück Realität zu bekräftigen. Den Spieler, der überlegt seine Chancen berechnet, wollte er immer vom riskierenden Hasardeur abgegrenzt wissen. Berufsspieler sei er trotz lebenslangen Spiels nie gewesen. Um in der Welt des Spielens verbleiben zu können, hat er den Zeitpunkt des rechtzeitigen Aufhörens immer wieder gefunden. Als Walter Römer im Alter von 84 Jahren starb, hinterließ er einige Meter Schreibhefte, in denen er seine Rennbahnnotizen minuziös aufgelistet hatte. Kein Rennen, das nicht verzeichnet war, rot angestrichen die Pferde, die man sich für kommende Rennen vorzumerken hatte. Das Rennen, in dem man verliert, fördert Erkenntnisse für zukünftige Einsätze zutage. Kein Verlust, aus dem nicht noch eine Lehre zu ziehen wäre.

Wem die Disziplin des alten Römers, wie er sich gern nannte, nicht gegeben ist, der wird gelegentlich auf die

Praxis des Anpumpens zurückkommen müssen. Es gibt keine Rennbahn, auf der nicht wenige der regelmäßigen Besucher komplizierte Geldgeschäfte untereinander abwickeln. Beim Anpumpen muss man unterscheiden zwischen Verlegenheitspumpen und Konstitutionspumpen. Letzteres ist auf der Rennbahn die Regel. Der typische Anpumper leiht sich nicht einfach Geld, er tut es mehrfach, immerzu. Das profane Ziel des Geldleihens besteht darin, von einer bestimmten Person eine feste Summe bis zu einem bekannten oder offenen Termin zu bekommen. Die hohe Kunst des Anpumpens besteht aber darin, von ein und demselben Menschen wiederholt etwas zu bekommen.

Machen Sie die Probe aufs Exempel und leihen Sie sich 70 Mark von einem Freund. Er wird es hergeben, erst recht, wenn Sie sich zum ersten Mal etwas leihen. Warten Sie dann so lange ab, bis er Sie an die Rückgabe des Geldes erinnert. In diesem Augenblick dürfen Sie es ihm aber nicht zurückzahlen. Verwenden Sie zur Begründung einen Vorwand: nicht genug dabei, ich brauch's noch für ein Buch, eine Fahrkarte etc. Das können Sie einige Male wiederholen, ohne die Freundschaft zu riskieren. Ihr Freund sollte vielleicht noch erfahren, dass Sie von jemand anderem ebenfalls Geld geliehen haben. Bei der nächsten Begegnung werden Sie ihn dann überraschen, weil Sie ihn ohne Aufforderung daran erinnern, ihm noch 70 Mark zu schulden. Nun, wird er denken, bekomme ich das Geld zurück, es wurde ja auch Zeit. Ehe Sie jetzt das Experiment einem Abschluss zuführen und das Ergebnis auswerten können, müssen Sie fragen: Leihst du mir noch einmal 30? Das macht dann 100, eine runde Summe.

Das Anpumpen berührt, weit über die Bedeutung des jeweiligen Betrags hinaus, die seelische Konstitution der Beteiligten. Wichtig ist es deshalb, die Geldquellen nicht durch soziales Überstrapazieren zum Versiegen zu bringen. Die Kunst des Anpumpens verlangt Rhythmusgefühl. Freund L. hatte im Lauf der Zeit auf die Strategien des Anpumpens ein komplexes Haushaltsmodell gegründet. Er lieh sich oft etwas von irgendwem, nur um es an jemand anderen zurückzahlen zu können. Er war sehr darauf bedacht, den Geldfluss gleichmäßig strömen zu lassen. Die ständige Suche nach Geld und der Rückzahlungsverkehr machten einen Großteil seiner sozialen Beziehungen aus. Zum erfolgreichen Anpumpen gehört eine gute Buchführung und das Einhalten von Terminen. Man muss immer wissen, wer welche Forderungen an einen stellt. Die Kunst des Anpumpens besteht in der Antizipation der Rückforderungen. Freund L. betonte bei seinen redseligen Eröffnungen stets, dass er die angekündigten Rückzahlungstage noch nie überschritten habe, er sei also kreditwürdig. Das war glatt gelogen, aber es empfahl sich, nichts zu entgegnen, denn das hätte nur einen Monolog über Ehrlichkeit und begründete Ausnahmefälle evoziert. Nach einem vollzogenen Leihgeschäft war Freund L. glücklich wie ein Geschäftsmann nach einem gelungenen Abschluss. Nicht selten kam es vor, dass Freund L. einen von dem frisch geliehenen Geld zum Essen einlud.

Der Handel des Geldleihens ohne Stempel und Quittung ist keineswegs so einseitig, wie es scheint. Wer Geld verleiht, darf nicht glauben, dass man nach der Rückzahlung miteinander quitt ist. Erst Wiederholung und

Variation des Vorgangs verleihen dem Anpumpen ein gewisses soziales Gewicht. Wer erfolgreich seine Wünsche durchsetzt, kann für die Zukunft Rechte geltend machen. Die Regeln des Spiels entstehen nicht nur durch Abmachung und Vertrag, sondern durch Gewohnheit. Auf der Rennbahn ist es ganz normal, dass der Anpumper auch Verleiher ist. Freund L. beispielsweise leitete aus der Tatsache, dass er selbst Außenstände von anderen erwartete, Ansprüche auf wenigstens eine kleine Summe ab. Es geht beim Anpumpen nicht um Almosen, sondern um klar formulierte Forderungen. Aus den Erfahrungen mit Freund L. ist zu raten, auf Wünsche und Forderungen umgehend einzugehen. Alles andere mündet in Belehrungen und Rechtfertigungen, der ganze Stuss vom geordneten Leben, unerquickliche Diskussionen über das schleichende Spießertum, das einen längst ergriffen hat. L.s Leihbeträge gingen selten über die Summe von 200 Mark hinaus, eine Grenze, die er ohne Diskussion akzeptierte. Betrüblich waren nur die Tage, an denen er seine Schulden vollständig beglich, denn das bedeutete die Wiederholung der immer gleichen Zeremonie. Wird beim Anpumpen der Geldfluss unterbrochen, ist die Freundschaft beendet.

Einen anderen signifikanten Geldstil kann man vor allem in den Buchmacherlokalen in der Stadt beobachten. Zwanghafte Spieler versuchen hier mit geringem Einsatz über den Tag zu kommen. Der Buchmacher hält dafür eigens die so genannte Schiebewette bereit. Der Schiebewetter platziert seinen Einsatz, ein paar Mark genügen, in mehreren Rennen des Tages auf verschiedenen Rennplätzen. Das zweite Galopprennen in Lingfield,

England hat einen »Unverlierbaren«. Seine Siegquote mal Einsatz geht auf einen leichten Außenseiter in Frankfurt-Niederrad. Durch die Multiplikation der Gewinne können im Erfolgsfall beträchtliche Summen zusammenkommen. Die Schiebewette hält den Spieler bei Laune. Die Spannung wächst von Rennen zu Rennen, wenn die Kette der Treffer nicht abreißt. Die Kunst besteht darin, den Aufbau der Wette so sicher wie möglich zu gestalten. Erst zum Ende hin steigt das Risiko etwas an. Zwischendurch wird gerechnet. Aus fünf Mark Einsatz können über sechs Rennen bei gutem Verlauf rasch 300 bis 400 Mark werden. Aber der Schiebewetter ist Realist. Im Spiel bleiben ist alles. Ein langer Nachmittag beim Buchmacher kostet den Schiebewetter bloß Einsatz plus Kaffee. Bricht die Schiebe auf halbem Wege zusammen, weil das Pferd des dritten Rennens in Hoppegarten versagt, dann gibt es für den Schiebewetter keinen Grund, das Wettlokal niedergeschlagen zu verlassen. Es gilt noch, die konjunktivischen Möglichkeiten auszuloten. Alle sieben Sieger werden am Ende gekommen sein, bis auf den Versager von Hoppegarten. Die Quoten waren ausgezeichnet. Es lief beinahe wie geschmiert. Für den nächsten Tag nimmt der Schiebewetter sich vor, mit einer Platzschiebe über vier Rennen zu beginnen. Zum Aufwärmen gewissermaßen. Da sollte nichts schiefgehen. Auf eine Platzschiebe lässt sich aufbauen. Wenn es nicht läuft, lässt sich noch immer Genugtuung aus einem Beinahegewinn ziehen. Nicht reich, aber voller Gewissheiten schiebt der Schiebewetter ab.

Nach Gewinnen steigert sich das Mitteilungsbedürfnis von Wettern enorm. Einer, der stundenlang allein und

schweigend auf der Tribüne gehockt hat, muss nun an den Nebenmann bringen, wie es ihm gelungen ist, den krassen Außenseiter auf dem Wettschein zu markieren. Der Baron, ein Stammbesucher der Berliner Rennbahnen, startete immer zu einem kleinen Rundgang über die Tribüne, wenn es ihm gelungen war, einen Sieger mit einem Einsatz von 100 Mark zu treffen. So muss man wetten, entschlossen auf ein Pferd, von dem man überzeugt ist. Der Baron machte keinen Hehl aus seiner Geringschätzung von Tippelanten, die für jedes Rennen zum Wettschalter laufen. Spieler müssen wetten, Pferdewetter können warten, so lautete sein Grundsatz. Drei, vier Renntage nur beobachten, Eindrücke sammeln, um dann im richtigen Moment zur Stelle zu sein. Seine Gänge über die Tribüne glichen kleinen Triumphzügen. Die drei, vier Tage geduldigen Wartens auf seine Chance gelangen ihm freilich eher selten. In der Zwischenzeit versuchte er es still und leise mit kleinen Einsätzen. Es ist fast eine Überlebensfrage, auf der Rennbahn seine eigene Philosophie zu haben und sie konsequent zu verfolgen. Es kommt aber auch darauf an, im entscheidenden Moment von ihr abweichen zu können. Die Variationen sind das Erfolgsgeheimnis eines jeden Systems.

»Was fragt der dich dauernd«, sinnierte Jörg Fauser 1981, »warum du das machst? Achte lieber auf die Pferde, guter Mann, und auf die Eventualquoten, und setz dein Geld nicht, bevor du deine eigene Eventualquote kennst. Wie viel zahlst du denn auf Sieg, und wie verrechnest du deine Verluste?« Natürlich erzählt auch Fauser in seinem Essay-Band ›Blues für Blondinen‹ eine von den Geschichten, in denen alles schon verloren

war und es dann doch noch einmal weiterging. Über Elmshorn hatte es die sonderliche Reisegruppe schließlich nach Norwegen verschlagen. »Im 4. Rennen haben wir einfach 100 Kronen auf Sieg gesetzt, wir haben uns eh schon wieder an der Ostsee im Sand gesehen, und dann gewinnt der, eine Riesenquote. War das das letzte Mal, als dir die Tränen kamen? Guter Mann, das Pferderennen ist auch Leiden.«

Augen auf beim Pferdekauf

Über das eigenartige Bedürfnis, ein Pferd zu besitzen

In dem französischen Spielfilm ›Rote Küsse‹ brachte der Schauspieler Lambert Wilson seinerzeit zum Ausdruck, worin das Problem jeder Pferdewette besteht. In einer Szene des Films sagte er eher beiläufig: »Du kannst zwar auf Pferde setzen, aber du sitzt nicht drauf.« Die Distanz des Wetters zum Geschehen kann durch den Erwerb eines Pferdes nicht vollständig, aber doch erheblich verringert werden. Vom Setzen zum Besitzen also, womit keineswegs gesagt ist, dass der gewagte Einsatz auf den Ausgang eines Rennens damit entfallen würde. Im Gegenteil. Neben den Ausgaben für Wetten steigt auch das Einfühlungsvermögen und die Sorge ums Pferd, was auf hinreißende Weise in einem Gedicht von Christian Morgenstern zum Ausdruck kommt.

An Bruno Cassirer
(Zum Trabrennfahren, Untermais, 1906)
I.
Phoebe hieß die schlanke Creatur
flog dahin als wie ein Pfeil vom Bogen;
doch da kam ein schwarzer Hengst gezogen –
dass der Lieben Leides widerfuhr …

II.

Eine andere war – wie soll ich sagen?
War der pferdgeword'ne gute Wille
»Oh mein langer Fleiß wird Früchte tragen«
Bis dann alle, alle vor ihr lagen …

III.

Doch am schönsten warst doch Glocke, Du!
Mit geblähten Nüstern gleichsam sieg –
witternd zogst Du in den fröhlichen Krieg
und so fiel Dir dann der Sieg auch zu.

Christian Morgenstern war kein Rennstallbesitzer. Sein Gedicht über die unterschiedliche Disposition der Pferde zum Rennen rührt vielmehr aus der Freundschaft zu seinem Verleger Bruno Cassirer, dem die Zeilen auch gewidmet sind. Cassirer nötigte seinen Erfolgsautor das eine ums andere Mal, ihn zu einem Rennen zu begleiten. Morgenstern folgte, so kann man vermuten, mit zurückhaltender Neugier. In einem Brief Morgensterns an seinen Freund Michael Bauer liest man über Bruno Cassirer: »Der erste Tag, an dem ich ihn aufsuchte, beredete er mich gleich, ihn zu einem Trabrennen nach Weißensee (mit dem Auto) zu begleiten, wo ich ihm vier Preise gewinnen half.« In Weißensee im Nordosten Berlins befand sich die erste Berliner Trabrennbahn, und nicht wenige Preise errangen dort die Pferde des Rennstalls Klausner, dessen Besitzer Bruno Cassirer war. An ihm lässt sich die Leidenschaft des Besitzens gleich auf mehreren Feldern trefflich studieren. Der 1872 in Breslau geborene Verleger und Kunsthändler war zusammen

mit seinem Vetter Paul Cassirer zu Beginn des Jahrhunderts einer der einflussreichsten Kunsthändler und Mäzene. Gemeinsam führten sie eine Kunst- und Verlagsbuchhandlung und waren Geschäftsführer der Berliner Secession um den Malerpatron Max Liebermann. Cassirers Leidenschaft für den wenig angesehenen Trabrennsport – sein erstes Pferd erwarb er bereits 1898 – löste in Künstlerkreisen bisweilen Erstaunen aus. Dabei war bekannt, dass am berühmten Malertisch im Romanischen Café, wo Cassirer häufig mit Max Slevogt, Lovis Corinth und Emil Orlik zusammentraf, bisweilen auch Pferdefragen verhandelt wurden. Alfred Döblin fasste Cassirers Betätigungsfelder zum 60. Geburtstag des Verlegers in einer liebevollen Grußadresse zusammen: »Er treibt Verlag und Kunsthandel, gemildert durch Pferdezucht. Vom ersten verstehe ich wenig, vom zweiten weniger und vom dritten gar nichts. Aber das Ganze gefällt mir.« Das eigentümliche Verhältnis von Verlags- und Rennstallbesitz hat Christian Morgenstern schließlich zu einem Epigramm auf Cassirer angeregt.

Ein wahrer Diomedes bist Du, nachgeboren
Du fütterst Deine Pferde mit Autoren
Mit mir – gerecht zu sein – war's freilich umgekehrt
Mir opfertest Du fast ein – halbes – Pferd

Bruno Cassirer besaß nicht nur einen Rennstall, er war zugleich auch der bedeutendste Traberzüchter seiner Zeit. Um 1910 gründete er zunächst das Gestüt Damsbrück bei Berlin, um später auf das Gestüt Lindenhof bei Templin in der Uckermark umzusiedeln. Nach dem

Krieg war Lindenhof eines von zwei Staatsgestüten der DDR.

Doch selbst der real existierende Sozialismus konnte nicht verhindern, dass in Rennbahnkreisen der Wunsch nach privatem Pferdebesitz wach blieb. Das brachte schließlich sogar den chilenischen Schriftsteller Antonio Skármeta auf eine Idee. Der leidenschaftliche Pferdewetter und während seiner Berliner Zeit Stammbesucher der Trabrennbahn Mariendorf, schlug vor, Buchhonorare für Veröffentlichungen in der DDR in einen Traber aus volkseigener Zucht zu investieren. »Dann käme man«, so Skármeta damals, »doch endlich mal einen Schritt weiter.« Das Vorhaben erübrigte sich. Die Mauer fiel, die DDR-Traber liefen bald um Westmark und die Kaufpreise wurden dem Westniveau angepasst. So kehrte Skármeta Mitte der neunziger Jahre ohne Traber nach Chile zurück. Auf die Rennbahn ging er aber weiterhin. Galopprennen genießen in Chile große Aufmerksamkeit. Per Brief teilte Skármeta denn auch bald mit, dass er es endlich geschafft habe. In Santiago de Chile laufen gleich zwei Pferde in seinem Besitz. Die ›brennende Geduld‹, so der Titel seines erfolgreichsten Romans, war in zwei Galopper aufgegangen.

Schwer zu sagen, warum einer überhaupt ein Rennpferd besitzen will. Mit rationalen Argumenten ist das Bedürfnis jedenfalls nur schwer zu ergründen. Zwar ist irgendein Pferd recht preiswert zu haben, aber wer will schon irgendeines? Und Vorsicht vor geschenkten Gäulen. In Rennbahnkreisen gilt der Satz, dass man seinen Feinden am meisten Schaden zufügen kann, indem man ihnen ein Pferd schenkt. Aller daraus resultierender

Ärger und die Folgekosten werden den Beschenkten mit großer Gewissheit grämen. Nein, das Pferd, das zu einem passt, sollte man sorgfältig selber wählen. An dieser Stelle muss erneut von Geld gesprochen werden. Für ein Rennpferd, das Anlass zu berechtigten Hoffnungen auf Gewinn gibt, muss man einen fünfstelligen Betrag bereithalten. Preiswertere Angebote rechtfertigen jede Verdächtigung. Von vornherein sollte man nicht auf die Refinanzierung der Kaufsumme hoffen. Betrachten Sie den Kaufpreis als verlorene Wette. »Die meisten Pferde traben ihren Hafer nicht ein«, hatte Jörg Fauser geschrieben; »Was ist das für ein Sport.« Eine Antwort ist heute, bei sinkenden Wettumsätzen und Rennpreisen, weniger möglich denn je. Ein Traber kostet im Jahr zwischen 15 000 und 18 000 Mark an Trainingsgeld, Futterkosten und Startgebühren. Bei Verletzungen kommen noch erhebliche Tierarztkosten hinzu. Der durchschnittliche Renngewinn eines Trabers liegt aber nur bei ca. 7 000 Mark pro Saison, wobei die Großverdiener schon einmal auf einen Jahresgewinn von einer halben Million Mark kommen können. Der Sieg im Derby in Berlin Mariendorf bringt einen Gewinn von rund 300 000 Mark ein, aber mehr als 1 000 Pferde werden pro Jahrgang für dieses Rennen angemeldet. Der Reiz der großen Summen mag zum Erwerb eines Pferdes motivieren. Zu begründen ist er damit nicht.

Aber natürlich geht ein Großteil der auf einer Rennbahn flottierenden Energien meistens direkt aufs Geld. Kein vergleichbarer Ort, wo es so offen hergezeigt oder in Bündeln in der Tasche getragen wird. Zahlreiche kleine Händel werden mit Bargeld abgewickelt. Pferdekauf ist

Vertrauenssache und findet auf einem wenig transparenten Markt statt. Die Gefahr, übers Ohr gehauen zu werden, lauert an jeder Ecke, und selbst der naive Millionär weiß darum. Mangelnde Kenntnis der Materie wird von der Schar der kleinen und großen Geschäftemacher meist mit einem Aufpreis bedacht. In Trainerkreisen, deren Arbeit und Geschick nicht nur im Bewegen der Pferdekörper, sondern auch darin besteht, die Tiere an zahlungskräftige Menschen zu bringen, wird gern der Satz zitiert: »Jeden Tag kommt ein neuer Kunde am Bahnhof an. Man muss ihn nur abholen.« Die Kunst des Abholens verlangt Fingerspitzengefühl, Menschenkenntnis und ein Gespür für den richtigen Augenblick. Man muss eben da sein, wenn die Schwelle zum Pferdekauf erkennbar absinkt. Und man muss immer die richtigen Informationen haben. »Ach übrigens, habe gehört, da ist ein Spitzenpferd für kleines Geld zu haben, fast geschenkt.« Gottlob nur fast, denkt derjenige, der darum weiß, dass er sich vor Geschenken zu hüten hat. Beim Pferdekauf verladen zu werden, ist eine Sache. Solange Geld in nachvollziehbarer Form und ohne Anzeichen von Gewaltanwendung den Besitzer wechselt, kann man von einem reellen Geschäft reden, zu dem mindestens zwei gehören. Die Unwägbarkeiten, die der Pferdehandel birgt, machen in der Regel auch seinen Reiz aus. Der Clevere ist manchmal auch der Dumme. Ein gerissener Berliner Disco-Besitzer durfte sich seinerzeit stolzer Besitzer eines Pferdes namens Orwell Star nennen, der schon so manches Rennen gewonnen hatte. Wenn Pferde in die Jahre kommen, sinkt nicht selten auch die Aussicht auf Gewinn. So trachtete der

Disco-Inhaber danach, Orwell Star im Zenit seines Leistungsvermögens zu verkaufen, ein durchaus ehrenwertes Anliegen, wenn man nachvollziehen kann, dass die andere Seite der Pferdeliebe das Gewinnstreben ist. Aber wer will schon wissen, wann die Leistungskurve wieder abfällt? Orwell Star avancierte nach dem Besitzwechsel zum besten Pferd Berlins, gewann noch mehr als 40 Rennen und verdiente insgesamt weit mehr als 500 000 Mark. Der Disco-Besitzer hat sich später nicht wieder als Rennstallbesitzer versucht.

Ein Rennpferd besteht zu 10 Prozent aus Tier und zu 90 Prozent aus Illusionen. Der idealtypische Markt für derlei Güter ist die öffentliche Auktion. Auch wenn das Zahlenverhältnis anderes vermuten lässt, sind die Illusionen gefragter als das Tier. Der gelungene Abschluss vollzieht sich nicht durch zufälliges Heben des Arms. Vielmehr bedarf er penibler Vorbereitung seitens des Anbieters. Zum geglückten Handel bedarf es nicht zuletzt genauer Kenntnisse über die finanziellen Möglichkeiten der anderen. Geschickte Anbieter jedenfalls haben schon im Vorfeld der Auktion den potenziellen Käufer ins Auge gefasst. Über Dritte, die das Vertrauen des Gemeinten besitzen, lassen sie wahre Wunderdinge über ein Pferd verbreiten. Obwohl 50 oder mehr stattliche Tiere zur Auswahl stehen, zielt alles auf die Erzeugung des Gefühls ab, es gehe um dieses eine Pferd oder keines. Es kommt darauf an, den Stachel der Begierde unmerklich, aber tief ins Fleisch zu treiben. Das System einer öffentlichen Auktion ist äußerst störanfällig. Bis zuletzt kann es passieren, sei es durch einen Regentropfen oder einen leichten Anflug von Depression, dass ein

Kaufinteressent von seiner bereits gefassten Absicht ablässt. Je mehr Einfühlungsvermögen auf den potenziellen Kunden verwandt worden ist, desto größer ist die Chance für einen Abschluss. Beim Bieten selbst heizen zu diesem Zweck bisweilen Strohmänner das Geschäft an und versuchen den Preis zum Wohlgefallen von Besitzer und Züchter in die Höhe zu treiben. Wer jedoch im rechten Moment nicht bei der Sache ist, kann Pech haben. Ein weithin bekannter Züchter hatte sich während einer Auktion eine Mindestsumme als Verkaufspreis für sein Pferd gesetzt. 12 000 Mark sollte es schon erbringen, andernfalls beabsichtigte er, das Gebot selbst zu halten, um so das Pferd in seinem Besitz zu belassen. In dem Moment aber, als er gerade einen Kaffee bestellen wollte, kam seine hübsche Stute bereits beim Gebot von 5 000 Mark unter den Hammer – zur Freude einer jungen Frau, die all ihr Erspartes zusammengesucht hatte. Der so geizige wie betuchte Pferdezüchter glaubte, auch nach dem Missgeschick noch leichtes Spiel zu haben. Er bot für das eben erst verkaufte Pferd 6 000 Mark in der Hoffnung, später noch sehr viel mehr für das Tier zu bekommen. Aber die Liebe zum Pferd wächst manchmal schnell. Die junge Frau wies den alten Herrn freundlich ab und zog mit der Stute am Halfter von dannen. Für 1 000 Mark lässt man sich Pferdeliebe eben nicht einfach abkaufen.

Die öffentliche Auktion ist ein Ort komplizierter Kommunikationsprozesse. Noch das abgekartete Spiel bedarf der Präzision und der Beobachtungsgabe der Mitspieler. Die Strohmänner müssen ein Gespür dafür haben, wann der Bereich des Zauderns des anvisierten

Käufers erreicht ist. Alles geht sehr schnell. Die Bieter müssen einen Platz einnehmen, von dem aus sie alles gut einsehen können. Es kann passieren, dass die Strohmänner durch Überziehen des Preises auf ihrem Höchstgebot sitzen bleiben, weil der Käufer eine Obergrenze aus Prinzip nicht überschreitet. Bis 80 000 und nicht weiter. Ein Geschäft ist dann möglicherweise für immer verdorben.

Es gibt reiche Pferdekäufer, die genau wissen, oder es wenigstens ahnen, dass ein Handel auf sie zugeschnitten worden ist. Das schmeichelt ihnen bisweilen sogar. Sie agieren erst, wenn sie sicher sind, dass ihr Kauf das allgemeine Interesse erregt. Die öffentliche Auktion ist zuallererst eine Bühne. Hohe Abschlüsse werden immer von Applaus begleitet, der für den Auftritt am Ring von nicht geringer Bedeutung ist. Dieser eher seltene Käufertypus lässt nicht locker, bis er das arme Tier in seinen Besitz gebracht hat. Solches Beharren anzustacheln, beherrschen in der Händlerszene nur ganz wenige. Mitunter erstreckt sich eine subtil eingefädelte Händlercamouflage über einen ganzen Abend. Das Legen der Fährte beginnt, noch ehe das begehrte Objekt den Ring betritt. Ein besonders trickreich eingefädeltes Geschäft fand einmal sogar vor einem großen Publikum während einer Rennveranstaltung statt. Im Sieginterview nach einem Vorbereitungsrennen auf das Derby, das zu gewinnen der Traum eines jeden Pferdebesitzers ist, tat der Trainer kund, dass das eben siegreiche Pferd berechtigte Aussichten auf den Derby-Sieg habe. Der Interviewer fing den Ball auf und wies nun ausdrücklich darauf hin, dass sich das Pferd ja im Besitz des Trainers

befinde. Da dies nicht allzu oft vorkommt, fragte der Interviewer nach der Bewandtnis des Besitzes. »Bei mir ist jedes Pferd zu kaufen,« offenbarte daraufhin der erfolgreiche Trainer, der ob seiner Geschäftspraktiken in Traberkreisen auch der Rabe genannt wird, seine Verkaufsabsicht. Das öffentliche Werbegespräch, das der Interviewer nicht ohne Gegenleistung geführt haben dürfte, war schließlich erfolgreich. Einige Tage später wechselte das Tier für stolze 250 000 Mark, wie es hieß, den Besitzer. Im Derby kam es verletzungsbedingt nicht an den Start. Aus dem Umfeld des Trainers war zu erfahren, dass es zuvor sehr behutsam und ganz gezielt für jenes Rennen mit dem anschließenden Interview trainiert worden war.

Sehr viel mehr als es der Tausch Geld gegen Tier vermuten lässt, steht beim Pferdekauf die soziale Stellung der Geschäftspartner auf dem Spiel. Dem Verkäufer kann es widerfahren, dass sein Pferd erst in neuer Obhut zur wahren Leistungsfähigkeit findet. Zu früh verkauft zu haben, kann den Spott Dritter einbringen. Der Käufer muss seinerseits danach trachten, nicht bloß Geld in die Waagschale zu werfen. Hat er mit dem Kauf eines teuren Pferdes Eingang in gewisse Kreise gefunden, so wird ihm Anerkennung erst zuteil, wenn er ein Minimum an Sachverstand nachweisen kann. Der Jährlingskauf bietet die Gelegenheit, den noch unsicheren Pferdeverstand zu dokumentieren. Das eindringliche Studium der genealogischen Referenzen (der grafisch darstellbare Stammbaum wird Pedigree genannt), ist hier ebenso von Bedeutung wie Exterieurkenntnis. Ein gerissener Pferdeverkäufer baute anlässlich einer Jährlingsauktion jedoch darauf, dass über Letzteres nur wenige verfügen. Zur öffentlichen Vorbesichtigung vertauschte er ein äußerlich prachtvoll aussehendes Pferd mit durchschnittlichen Referenzen gegen das mit einem Bockhuf – einem schweren körperlichen Mangel – behaftete Pferd mit hochgeschätztem Pedigree. In den Auktionsring kamen schließlich die mit ihren Papieren identischen Tiere. Man muss dazu wissen, dass eine Auktion in festlicher Atmosphäre stattfindet. Man sitzt bei Champagner und schaut von unten zu den von Scheinwerfern angestrahlten Pferden herauf. So wurde die kleine Verwechslung bei der Vorbesichtigung von niemandem bemerkt. Das junge Pferd mit den allseits beachteten Papieren erzielte einen Höchstpreis, belästigte später in seiner kurzen Rennlaufbahn aber nie einen Zielrichter. Das äußerlich gut aussehende Pferd mit mäßigen Papieren blieb im Besitz des Händlers und gewann noch viele Rennen.

In der Rennbahnszene kursieren ständig Gerüchte und Informationen über das Geld der anderen. Eine gut aussehende Frau in den Vierzigern, heißt es, hatte kürzlich Pech. Nachdem sie ihre langjährige Beziehung mit einem gut 20 Jahre älteren Rennstallbesitzer gelöst hatte, habe dieser unverhofft eine größere Erbschaft gemacht. Manch einer versteht sich aufs »Ableuchten«. Dabei ist das Auge ausschließlich darauf gerichtet, herauszubekommen, wer Geld hat oder bald zu welchem kommen könnte. Ist die Diagnose gestellt, kommt es darauf an, Freundschaften zu knüpfen. Immer wieder tauchen auf der Rennbahn Neulinge auf, die zu einem oder zwei Pferden überredet worden sind. Die Nachricht

über neue Besitzer, die möglicherweise reich sind, verbreitet sich wie ein Lauffeuer. Immer wieder kommt es vor, dass sich Besitzer, durch Anfangserfolge ihrer Pferde angeheizt, an ihrem neuen Hobby verheben. Hoffnungsvolle Pferde verlieren schnell an Wert, und es gibt vielfältige Begründungen, warum die versprochenen leichten Siege ausbleiben. In den niederen Regionen des Markts, dort, wo sich die Käufer den Luxus des eigenen Pferds eigentlich nicht leisten können, wird ein Handel gern mit der Vereinbarung abgeschlossen, die Hälfte (des meist überhöhten Preises) sofort, und die Restsumme aus den zu erwartenden Gewinnen zu bezahlen. Das soll die Gewissheit verstärken, ein leistungsfähiges Pferd erworben zu haben, denn der Verkäufer hat ja nur etwas davon, wenn das Pferd auch weiterhin Rennpreise erzielt.

Das Geld der anderen zieht bisweilen den Spott derjenigen an, die es nicht haben. Wo Geld zur Hebung der sozialen Position eingesetzt wird, so lautet der Verdacht, mangelt es an Talenten. Im Trabrennsport, von dem bisher überwiegend die Rede war, ist es selbst unsportlichen Zeitgenossen mittels eines tüchtigen Pferdes möglich, siegreich die Zügel in die Hand zu nehmen. Ist der Ehrgeiz erst einmal entfacht, dann lassen die Immobilienmakler, Hoteliers und Erben nicht mehr locker und trachten mittels Zukauf weiterer Pferdestärken nach Championatsehren. Ein Millionenerbe vergab mit einem überlegenen Pferd einmal den Sieg, weil er ihm eine Runde vor Schluss schon alles abverlangte. Im Eifer des Gefechts hatte er sich verzählt.

Über das Geld der anderen wird auf der Rennbahn ganz

konkret gesprochen. Jeder Besitzwechsel eines Pferdes wird im ›Rennkalender‹ publiziert und die Vermögensverhältnisse der Beteiligten gelten in der Regel als bekannt. Oft brüsten sich Rennstallbesitzer mit ihren Reichtümern und die Kaufsummen von Pferden bleiben selten Geheimnis. Ebenso offen wird über Pleiten gesprochen. Auf der Rennbahn folgt dem geschäftlichen Zusammenbruch nicht zwangsläufig der Gesichtsverlust. Eher ist das Gegenteil der Fall. Eine schöne Pleite, bei der das Privatvermögen rechtzeitig in Sicherheit gebracht werden konnte, steigert das Ansehen und verleiht den Ruf der Gerissenheit.

Vom Umgang mit Verlusten

Gewinnen kann heute jeder, immerzu. Radiohörern fällt für die Nennung eines Lösungswortes und des passenden Sendernamens ein stattliches Barvermögen zu und an jeder Ecke winken Rubbellos, Bingospiel und Tombola. Wer fahrlässigerweise unangemeldete Telefongespräche annimmt und ein paar Fragen zum Euro beantwortet, dem kann es widerfahren, dass er eine Reise nach, sagen wir, Malta gewinnt. Die Aussicht auf Gewinn blendet zu sehr, als dass sich spätere Reue verhindern ließe. Nein, nein, nicht Betrug lauert hier, man hat bloß eine Reise im Zeichen des Gewinns gebucht. Den Flug nach Malta nämlich muss man selbst bezahlen, was letztlich genauso teuer kommen kann wie eine Pauschalreise, nur weniger komfortabel, schließlich ist man bloß Gewinner. Der soziale Status des Gewinners ist nicht sonderlich angesehen. Am liebsten sieht man dem Gewinner aus niederen Schichten beim Verplempern seines Vermögens zu. So hatten die Medien ihren größten Spaß an Lotto-Lothar, der 1994 exzessartig mit dem Geld um sich warf, um am Ende dem Suff zu erliegen. Wenigstens konnte er sich zu guter Letzt erlesene Kaltgetränke anstelle von Aldi-Bier leisten.

Allerorten werden einem Millionen nachgeschmissen. Die einen erzielen sie mit einem 100-Tage-Aufenthalt im Big-Brother-Haus und anschließender Schlagerauswertung, während für andere schon das Bestehen eines Multiple-Choice-Tests bei Günther Jauch hinreicht.

Gewinnen jedenfalls, in der einen oder anderen Form, ist ein gesellschaftlicher Normalfall.

In einer Zeit, in der man von lauter glücklichen Gewinnern, protzenden Erben und genusssüchtigen Vorruheständlern umgeben ist, kann es von Nutzen sein, sich mit der Erfahrung des Verlierens vertraut zu machen. Die Pferdewette bietet die Gelegenheit, diese in kleinen Dosen verabreicht zu bekommen, Risiken und Nebenwirkungen trägt das Bankkonto.

Für den Spieler beginnt jeder Renntag mit einer Wette. Die erste ist nie die entscheidende. Man spielt sich eher warm, es kommt darauf an, die Form zu testen. Man will fit sein für den Augenblick, wenn es darauf ankommt, bei den richtigen Rennen abzuräumen. Man kann den Biorhythmus seines Wettverhaltens nicht beeinflussen, aber wenn man weiß, dass man einen hat, gehört man zum Club. Vom letzten Rennen aus besehen kann man erkennen, dass bereits die erste Wette alle folgenden strukturiert. Es gibt Tage, da weiß ein Spieler nach dem ersten Versuch, dass jeder weitere erfolglos bleiben wird. Alle Verluste liefern nun das Material für nachträgliche Begründungsarbeit.

Für die kommenden Wetten kann es von entscheidender Bedeutung sein, dass man weiß, warum man zuvor verloren hat. Kein Verlust ist vergebens. Es gibt nur schlechte Phasen. Der besserwisserische Rat, das Wissen um eine solche dergestalt zu nutzen, dass man weitere Wetten zumindest vorübergehend unterlässt, kommt für den Spieler wie aus einer fernen Welt. Als ob die Sache so einfach wäre. Eine Wette steht im Kontext anderer Wetten, und selbst der Nichtspieler wird einse-

hen, dass man die Verluste nicht einfach überspringen kann. Wer nur gewinnen will, der hat nichts begriffen. Oder aber es kommt noch ärger. ›Vier Männer und ein Pokerspiel‹ heißt eine Geschichte von Bertolt Brecht, deren prosaische Knappheit allerhand Auskunft gibt über das Übel des Gewinnens und lehrt, dass man besser nicht auf die Erfahrung des Verlierens verzichtet. »Die Geschichte fängt an mit Zigarrenrauch und Gelächter und endet mit einem Todesfall«, heißt es bei Brecht. Johnny Baker ist ein erfolgreicher Kurzstreckenschwimmer, dessen sportlicher Erfolg stets von sagenhaftem Glück begleitet war. Die Gunst des Schicksals bleibt ihm auch noch hold, als während einer Schiffsreise nach einem Wettkampf, den er wieder einmal glücklich gewonnen hatte, eine Pokerpartie zum Zeitvertreib begonnen wird. Obwohl Johnny das Spiel nur unvollkommen beherrscht, gewinnt er eine Partie nach der anderen und erleichtert seine Mitspieler am Ende um deren gesamtes Vermögen. »Aber so gut kann einer gar nicht schwimmen«, heißt es schließlich, nachdem Johnny Baker von seinen Mitspielern über Bord geworfen worden ist und diese sich fragen, ob er ebenso gut schwimmen wie pokern könne. »So gut kann einer gar nicht schwimmen, dass er sich vor den Menschen rettet, wenn er auf der Welt zu viel Glück hat.« Pferdewetter, selbst wenn sie sich nicht von den Mitspielern bedroht fühlen müssen, wissen, dass sich das Leben nicht auf ein immerwährendes Glück hin organisieren lässt. Glück ist an die fließende Zeit nicht zu binden. In den Phasen des Verlusts, die er stoisch zu durchleiden hat, ehe wieder ein Gewinn an der Reihe ist, zehrt

der Spieler von seinem Talent zur Geduld. Man mag unterm Strich verlieren, das tun fast alle Pferdewetter, aber man verliert nicht andauernd und in einem fort. Es kommt halt auch beim Verlieren darauf an, seinen Rhythmus zu finden. Nervöses Kauen auf Fingerkuppen, wildes Erzürnen gegen alle Platznachbarn und Schmähungen gegen die Ehre der Akteure auf den Pferderücken und dahinter verschlimmern nur die Qual. Die Nervenstärke des Wetters zeigt sich im Ausfüllen von weiteren Wettscheinen, die doch nur weitere Verluste bringen und für den Spieler eine Art Meditation darstellen, die vorbereitet auf größeren Gewinn. Dass der kommen wird, ist gewiss. Dass er die angehäuften Verluste ausgleichen wird, dagegen eher unwahrscheinlich. Die ganze Kunst besteht darin, sich in anhaltend kritischen Situationen in eine Position zu bringen, in der man sich selbst zuschauen kann. Wenn die erste Wette verloren ist, weiß der Spieler, dass schon die nächste unter ihrem Einfluss steht. Es gibt in diesen Phasen nichts zu gewinnen, Überstehen ist das Ziel. Das Pokerface signalisiert weniger Regungslosigkeit und menschliche Kälte als das additive Wissen um das eigene Spielverhalten. So recht auszahlen kann sich die verlustgesättigte Erfahrung freilich erst im Alltag, wenn der Spieler, etwa in beruflichen Grenzsituationen, sein Einschätzungsvermögen von Rennverläufen anzuwenden vermag. Manchmal, wenn ein unangenehmes Gespräch mit einem Vorgesetzten bevorstand, habe ich innerlich zu mir gesagt: Ruhig sitzen bleiben, kein Peitscheneinsatz, noch nicht die Watte ziehen. Hilfsmittel, die die Pferde im Rennen beschleunigen oder entlasten sollen, bedeuten im über-

tragenen Sinn doch nur: cool bleiben. Der Zocker erkennt seine Chancen schon vor dem Einbiegen der Pferde in den letzten Bogen, aber er weiß auch, wo das Ziel steht.

Beim Umgang mit Verlusten kommt es darauf an, dass es gelingt, den stetigen Abfluss nicht unwesentlicher Geldwerte in den eigenen Lebensentwurf zu integrieren. Manfred, so nennen wir einen Psychologen aus Hamburg, der eine Zeit lang seinen Unterhalt als Taxifahrer verdiente, grämte sich eines Tages, während eines Renntages auf der Trabrennbahn in Hamburg-Bahrenfeld, 200 Mark verloren zu haben. Während der Rennen schien ihm sein Handeln völlig rational zu sein. Noch im vorletzten Rennen hatte er 50 Mark auf den Sieg von Cordoba Lobell mit Edelbert Ohmer gesetzt. Die Rennbahnen können nachweisen, dass zum Ende hin ihre Umsätze noch einmal ansteigen. Niemand will nach Hause gehen mit dem Gefühl, es nicht wenigstens probiert zu haben. Für die 200 Mark, es können auch 300 gewesen sein, so Manfred, müsse er, überschlagsartig gerechnet, eine ganze Nacht lang, vielleicht auch zwei »aufm Bock« sein. Diese nie ganz zu besiegende und manchmal wohl auch begründete Angst, über seine Verhältnisse zu spielen, ergreift bisweilen jeden Spieler, vorzugsweise dann, wenn alle Möglichkeiten ausgeschöpft sind, an das Geld für den nächsten Renntag zu gelangen. Manfred zog seinerzeit die Konsequenzen aus seiner Erfahrung mit dem Verlust. Er hörte von einem Tag auf den anderen auf – mit dem Taxifahren.

»Alle Gewinne sind Spätheimkehrer«, lautet eine Formel, die man gelegentlich aus dem Mund von älteren

Rennbahnbesuchern hört. Dass die Metapher aus der Welt des Soldatischen stammt, ist wohl dadurch zu erklären, dass die Generation der Kriegsteilnehmer in ihrem Alltag noch immer die Grenzerfahrungen ihrer Jugend zum Vergleich heranzieht. Die Spannung eines Rennens, in dem man bis zuletzt eine Chance auf Gewinn hat, beschränkt die Wahrnehmung allzu sehr. Die Kunst des Beobachtens erlernt man freilich ebenso wenig beim interesselosen Zuschauen. Ein Rennen versteht man erst zu lesen, wenn die Aussicht auf Gewinn schon bald in die Erkenntnis umschlägt, dass nichts mehr zu holen ist. Man registriert jeden Fehler des Fahrers, muss sich eingestehen, dass die Grundannahme der Wette nicht stimmte oder dass sie absolut stimmte, unter Nichtberücksichtigung einer kleinen Volte des Schicksals.

Die Durchschlagskraft des Verlusts auf die Gemütsverfassung steht im Verhältnis von realem Verlust und dem zu erwartenden Gewinn. Ein Verlust von 500 Mark nach einem turbulenten Renntag kann weniger wehtun als einer von 20 in einem Rennen, in dem mit etwas Glück 12 000 Mark zu gewinnen waren. Wer nie sein Geld beim Spiel verloren hat, kann kein Buchhalter seiner eigenen Verhältnisse sein, weder ökonomisch noch seelisch. Man kann es auch so sagen: Die Kraft, die einer aus Verlusten zu schöpfen vermag, schützt vor der Torheit bei der Freude über unverhofft erzielten Gewinn.

Auf der Rennbahn sieht niemand dümmer aus als jener, der seinen Gewinn überschwänglich zu erkennen gibt. Im Verlieren Geübte erkennen in ihm sofort den Neuling, der die Qualen der großen Geldabschaffe noch vor

sich hat. Guter Rat ist hier selten, und wenn er gegeben wird, muss er nicht nützen. Walter Römer, Spieler der alten Schule, beobachtete einst eine ältere Dame, die 12 000 Mark Gewinn am Schalter entgegennahm. »Meine Dame«, fragte er ohne Neid, aber mit der Neugier dessen, der in derselben Partie leer ausgegangen war, »wie haben Sie das gemacht?« Die Dame schüttelte ratlos glücklich ihren Kopf und bekundete ihr völliges Glück, sie verstehe nichts von Pferden und noch weniger von Rennen. Mehr könne sie auch nicht zum Hergang sagen. Es sei ihre erste Wette gewesen. »Dann, meine Dame«. erwiderte der alte Römer, »lassen Sie es auch Ihre letzte gewesen sein.«

Verlierer wissen, dass das Spiel auf der Rennbahn niemals schlagartig ihre Lebensverhältnisse zu verändern vermag. Wenn es aber doch einmal eintritt, dann kommt es darauf an, dem Zufall gewachsen zu sein. Der ostdeutsche Vorruheständler Wolfgang hatte in Karlshorst und Mariendorf schon viele Rennen mit kleinen Gewinnen und Verlusten passieren lassen, als er eines Tages wieder einmal mittels einer Wette ein Zusatzlos erhalten hatte. Die Rennveranstalter organisieren regelmäßig Prämienausspielungen, zu denen man mit einer erfolgreichen Siegwette noch an einer Ziehung teilnimmt. Wetter Wolfgang, der seinen Wettetat Monat für Monat hübsch eingeteilt und den lange Zeit für ihn dazu gehörenden Bierkonsum aus gesundheitlichen Gründen aufgegeben hat, saß eines Tages kreidebleich auf der Tribüne und verglich die Nummer des gezogenen Hauptgewinns mit der Nummer seines Loses. Tausendmal schon hatte er diesem Vorgang beigewohnt, tausendmal schon die Verhaltensanweisungen für den Gewinnfall vernommen. Nun saß er da mit seinem Gewinnticket und fragte wie einer, den man eben um seine Lebensgrundlage gebracht hat: »Was muss ich denn nun tun?« Wolfgang hatte einen 3er BMW gewonnen, für den er sich knapp 30 000 Mark auszahlen ließ. Den Sieger in ihm erkennt man daran, dass er fortan sein Spielverhalten nicht änderte und wie zuvor mit dem vorausberechneten Wettetat zu jedem Renntag antritt.

Dass langjährige Erfahrungen mit Wettverlusten auch für das Verhalten in der New Economy taugen, beweist die Geschichte von Helmut, der gleich mit mehreren Firmen Konkurse hingelegt hatte. Er hatte den Ausgang falsch vorausgesehen, flüchtete nun aber nicht ins Ausland und gab auch trotz privater Schulden in Höhe von mehreren hunderttausend Mark nicht auf. Er gab eidesstattliche Versicherungen ab, schnallte den Gürtel für den privaten Verbrauch etwas enger und bereitete sich zunächst einmal auf die Teilnahme am Berlin-Marathon vor. Niemand sollte sagen, er würde sich hängen lassen. Geschäftliche Aktivitäten waren ihm vorerst nicht möglich, und er hatte auch das Gefühl, eine schöpferische Pause einlegen zu müssen. Unterdessen verfolgte er unverdrossen weiter das Renngeschehen und wettete gelegentlich auch, wenn es ihm gelang, ein paar Mark vom Haushaltsgeld seiner Frau abzuzweigen. Diese wusste von Beginn an von den kleinen Unregelmäßigkeiten in der schmalen Haushaltskasse, bewahrte aber durch Nachsicht den Familienfrieden. Das ging so eine

ganze Weile. Nach vier Jahren stellte sich auf einmal ein mittlerer Gewinn ein, der ihn auch geschäftlich wieder ins Spiel brachte. Nach herkömmlichen Karrieremustern müsste man sagen, dass Helmut nun wieder obenauf ist. Dafür ist er als Rennbahner aber viel zu schlau. Wer regelmäßig zur Rennbahn geht und wettet, der weiß, dass er pekuniär zu den Verlieren zählt. Und Verlierer wissen, wie es in einem Gedicht von Wolf Wondratschek heißt: »Siegen ist nur der Anfang einer anderen Qual«.

Mit dem Namen Wondratschek, der als Macho-Dichter, Nutten- und Boxfan hinreichend bekannt ist, bliebe noch ein Klischee zu bereinigen, das die Männer, das Leben und die Frauen betrifft. Männer, die auf Pferde wetten, darauf hat schon Charles Bukowski aufmerksam gemacht, sind keine guten Liebhaber. Ein bisschen ist es wie bei Seeleuten. Man erzählt beim Kennenlernen einer Frau besser nicht, was man in seiner Freizeit treibt. Frauen hingegen sollten sich nicht auf Zocker einlassen. Sie können einem viel erzählen. Ihre Treue hält garantiert meist nur bis zum nächsten Rennen. Es gibt kaum eine Ehe von Rennbahnern, in der die Wettleidenschaft nicht Gegenstand endlos quälender Diskussionen ist. Das Reden darüber ist sogar das Harmloseste. Wie bitte, das wäre doch das Klischee? Ja, gewiss.

Ich habe meine Freundin übrigens auf der Rennbahn kennen gelernt. Und?

Glücklich.

Von Tippstern, Krumm- und Langmachern

Es ist nicht jedem gegeben, sich der Sphäre der Rennbahn auf so elegante Weise zu entziehen, wie es einem
früheren Schah von Persien nachgesagt wird. Während
eines Staatsbesuchs in England hatte dieser die Einla-
dung zu einem Pferderennen mit dem Hinweis abge-
lehnt, er wisse schon, dass ein Pferd schneller laufe als
das andere. Es sei ihm dabei völlig gleichgültig, wel-
ches. Auf diese Weise kam der hohe Repräsentant seines Landes um den zweifelhaften Genuss, einer agona-
len Veranstaltung beizuwohnen, der auch in der arabi-
schen Welt einige Bedeutung beigemessen wird. Die
Rennbahn ist keineswegs nur ein Ort, an dem Eitelkeit
und Gefühle zum Ausdruck gebracht werden können.
Mit despektierlichem Sprechen über die Rennbahn
kann man sich die Gefühle auch vom Leib halten. Dergleichen muss Winston Churchill im Sinn gehabt haben,
als er seinem berühmten Verdikt »no sports« noch ein
spezifisches über das Leben auf der Rennbahn nach-
schob. »Nicht alle auf der Rennbahn sind Verbrecher«,
meinte Churchill, »aber alle Verbrecher sind auf der
Rennbahn.« Das war kokett gesprochen in einem Land,
in dem sich das weithin beliebte Königshaus das nicht
ganz kostenfreie Hobby eines luxuriösen Rennstalls
gönnt. Die Welt der möglichen Verbrechensfälle auf der
Rennbahn hat hinreichend der Krimischriftsteller Dick

Francis ausgelotet, der als Meister des Hindernissports, des so genannten steeplechase, später mühelos in die Schriftstellerei umsatteln konnte, indem er zunächst ungeniert drauflos erzählte, auf welch vielfältige Weise im Rennsport der Coup zu erzielen ist.

Richtig ist an der Beobachtung Churchills so viel, dass die Rennbahn ein Ort ist, an dem die kleinen Schummeleien zur Erlangung mittlerer und großer Würfe mit großer Leidenschaft betrieben werden. Wo das Geld so offen hergezeigt wird, darf man sich nicht wundern, dass die Fantasien stark darauf ausgerichtet sind, es auch zu bekommen. Die Festlichkeit des Rennplatzes, die schon so viele beschrieben haben und die auf den Bildern der Impressionisten erstrahlt, bezieht ihre Energie aus dem frei flottierenden Geld. Für ein paar Stunden ist mehr als gewöhnlich herrenlos in Umlauf. Um die kleinen und großen Betrügereien, für die die Rennbahn der zentrale Schauplatz ist, hat sich eine eigene Sprache entwickelt, die schnell gelernt werden muss, will man die vielen kleinen, aber wichtigen Hinweise zur baldigen Weiterverwertung aufschnappen. »Hat der Z. nicht wieder wegjemacht?«, kann das geschulte Ohr dann hören und man reimt sich rasch zusammen, dass Reiter oder Fahrer Z. kein Interesse an einer besseren Platzierung im Rennen hatte. Das kann insbesondere dann vorkommen, wenn Z. ein favorisiertes Pferd an den Start gebracht hat. Die mit einer Wette verknüpften Gelderwartungen sind natürlich besonders groß, wenn der Favorit sich als unpässlich oder schlecht aufgelegt erweist und seinen großen Anhang enttäuscht. Als profitabel kann sich im Rennsport erweisen, wenn man

schon vor dem Rennen von dem Zutreffen der Unpäss-
lichkeit Kenntnis erhält. Es ist im Rennsport leider so
unüblich nicht, dass das Ausbleiben eines Favoriten
absichtsvoll herbeigeführt wird. Fragen Sie, lieber
Leser, nicht, ob dies regelmäßig der Fall ist. Seien Sie
sich bei jeder Wette bewusst, dass es vorkommen kann,
aber rechnen Sie nicht fest damit, dass es unentwegt
geschieht. Diese Atmosphäre des Verdachts verdirbt nur
den Spaß an der Sache. Andererseits kann es die Freude am Wetten fördern, wenn man über die Geheimnisse
des Wettens und des Wettbetrugs einigermaßen
Bescheid weiß. Der sichere Weg zum Verlust auf der
Rennbahn ist die Illusion über das Geschehen. Die
dunkle Ahnung kann am Ende nur durch genaue Beobachtung aufgehellt werden. Wer weiß, worauf er dabei zu
achten hat, kommt schneller zum Ziel und kann wichtige Schlüsse für sein eigenes Wettverhalten ableiten.
Achtung: Nun folgt der Gewinn bringende Teil des kleinen Bändchens unserer Passion, in die wir schon so viel
Gefühle und noch mehr Geld investiert haben. Wer es
bei seiner Lektüre bis hierher geschafft hat, der soll
nicht leer ausgehen. Die Kunst des Wettens besteht nun
einmal auch darin, dem anderen bei seiner Datenverar-
beitung ein paar Schritte voraus zu sein. Erfolgreiches
Wetten ist die Nutzung von Wissensvorsprung, zu dem
man immer noch am schnellsten mittels Lesen gelangt.
Die Kunst des Wegmachens also, eine Variante Privile-
gierter, sich einen Wissensvorsprung zu sichern,
beherrscht am besten der, der es versteht, in der Regel
dabei zu sein. Das Wegmachen, Krummmachen,
Plumpsmachen gelingt am Ende nur dem vortrefflich,

der für gewöhnlich zu den Siegern gehört. Beim Ausfall des Favoriten zählt der Überraschungseffekt. Der große Wettcoup besteht darin, den Eintritt des Unerwarteten zu antizipieren. Das Wissen über die bevorstehende Niederlage eines vermeintlichen Siegers allein ist auch für den, der über jene geheime Absicht informiert ist, noch kein sicherer Weg zum Erfolg. Der Unwägbarkeiten sind auch dann noch viele. Der Informationsvorsprung, dass Favorit X diesmal auf eine Platzierung in den Wetträngen zu verzichten geneigt ist, markiert also nicht zwingend den Weg zum Erfolg am Wettschalter, kann bei weiteren Rechenoperationen aber enorm helfen. Es kommt bei der Pferdewette, die eine Rechnung mit vielen Unbekannten ist, immer auch darauf an, ein paar Bekannte einzuführen. Es hilft recht wenig, auf der Rennbahn Bekannte zu haben, die man grüßen kann, es kommt darauf an, mit ihnen rechnen zu können. Auf der Rennbahn fragen Wetter immer wieder einmal nach den Erfolgen der anderen. »Und? Heute schon getroffen?« Fast immer lautet die Antwort: »Ja, dich.«

Im Wettsport der Jahrhundertwende gab es den so genannten Tippster, der gegen ein kleines Salär hilfreiche Informationen aus den Ställen andiente. Das Pferd Fast Storm sei in guter Form, verrieten dann die Tippster und warteten auf entsprechende Belohnung. Die Kunst des Tippsters bestand in der Begabung »abzuleuchten«. Der Ableuchter ist ein guter Beobachter, der kleine Besonderheiten zu einer Erkenntnis umzuarbeiten weiß, aus der wiederum Rückschlüsse für eine Wette zu gewinnen sind. Im Rennsportmilieu gibt es immer viele, die über ausreichende Kontakte zum innersten

Heiligtum der Rennställe verfügen. Man sollte ihnen skeptisch gegenübertreten, aber nicht grundsätzlich misstrauen. Es ist schon schwer genug, das vorhandene Wissen zu verarbeiten. Machen Sie sich die Sache nicht zu kompliziert, indem Sie Wissen mit Misstrauen belegen. Das Tippsterwesen der Jahrhundertwende basierte denn auch auf Trinkgeld. Erst wenn der Gewinnfall eintrat, kehrte der Tippster zum Tippnehmer zurück und forderte seinen Obolus. Der Gewinnende zahlte gerne, wenn er sich eingestehen musste, dass er seinen Gewinn dem Hinweis des Tippsters zu verdanken hatte. Einige Tippster gingen auf diese Art und Weise nie leer aus. Für sie kam es vor allem darauf an, mehrere Tipps zu streuen, so dass man immer einen Gewinner unter seinen Kunden hatte. Wer wollte so weit gehen, diese diversifizierte Kommunikationspraxis mit dem hässlichen Wort vom Betrug zu belegen?

Ein klarer Fall von Betrug freilich ist das Wegmachen im beschriebenen Sinne. Laut Rennordnung sind die Akteure angehalten, ihr Pferd auszufahren oder auszureiten. Im Grunde zählt nur der Sieg und nichts als der Sieg, und eine Rennleitung hat darüber zu wachen, dass diese Regel auch eingehalten wird. Aber was sollen all die Rennstallbesitzer, Trainer, Fahrer und Reiter nur machen? Woche für Woche, Tag für Tag finden Rennen statt, immer will der Wetter gut besetzte Felder sehen, um seine Auswahl für einen guten Tipp zu treffen. Es soll ja auch nicht zu leicht sein. Den Sieger aus dreien zu finden ist leichter als einen aus dreizehn. Da kann es geschehen, dass ein müdes Pferd noch einmal an den Start geht und schon damit zufrieden ist, dass es einmal

nicht aufgefordert wird, in den Kampf um den Sieg einzutreten. Will man das gleich Betrug nennen? Das nächste Spiel ist das schwerste, wusste schon der große Fußballstratege Sepp Herberger und im gewöhnlichen Rennsportalltag haben manche daraus abgeleitet, sich schon während eines Rennens für die schwere Aufgabe des nächsten Rennens auszuruhen.

Wieder andere gehen da noch etwas weiter. Sie haben sich spezialisiert. Pikanterweise nicht auf den Sieg, sondern auf den dritten Platz. In der Wettart der beliebten Dreierwette ist der dritte Rang besonders beliebt. Man kann seine Wette gewissermaßen von hinten aufbauen. Der Jockey oder Fahrer, der bei seinen Rennoptionen den dritten Rang anstrebt, der kann zumindest die beiden vorderen Ränge schon aus seinen Überlegungen streichen. Auch wenn das Sprichwort anderes sagt, hat kaum jemand wirklich Pferde je kotzen sehen, aber wir schwören, wir haben Gespanne »an drei fahren« sehen, die sofort alle weiteren Aktivitäten zur Erlangung des Sieges einstellten, als der gute dritte Platz nach hinten abgesichert war. Was hier beschrieben wird, deckt, um es mal so zu sagen, den handfesten Vorgang des Betrugs, und wenn er bewiesen werden könnte, so wäre dies durchaus ein Fall für den Staatsanwalt. Tatsächlich sind derlei Erzählungen gewöhnlicher Tratsch auf der Rennbahn. Nicht wenige Fahrer halten auf sich, die Kunst des »an Drei Machens« zu beherrschen. Der saubere Vortrag ist Ehrensache, so richtig stolz schwillt die Brust, wenn man der hilflos fragenden Rennleitung erklären kann, warum das Pferd heute nicht wie gewöhnlich voll ausgefahren werden konnte. Plötzlich

»ging es nur auf einer Leine«, war vom Start weg »auf dem Sprung« und musste vom umsichtigen Fahrer »das ganze Rennen hindurch getragen« werden. Der wortkarge Pferdemann wird unter dem Verdacht des Wettbetrugs sehr einfallsreich und eloquent. Das gilt auch noch in ganz anderer Hinsicht. So soll es schon vorgekommen sein, dass Sulkyfahrer Nägel in der Hosentasche mitgeführt haben, um dem Reifen ihres Renngeräts eine Panne beizubringen. Wieder andere haben ihr Pferd nur auf drei Hufeisen ins Rennen geschickt, das vierte aber in die Hosentasche gesteckt, um es später als Begründung hervorzuholen, die plausibel macht, warum das Pferd in den Galopp verfiel. Eine besonders perfide Form des Betrugsbegehrens ist es, wenn man einen ahnungslosen Fahrer mit einem müden Vierbeiner ins Rennen schickt. Man kennt sich aus auf der Rennbahn mit allerlei Mittelchen, die den Bewegungsdrang des Pferdes anfeuern sollen. Die Zuführung von Mitteln dieser Art nennt man Doping. Sie werden streng, freilich nicht zu streng geahndet. Unter Doping versteht man zuallererst jenen Vorgang, mit dem man ein Pferd zum schnelleren Laufen bringt. Oft reicht es hin, dem beanspruchten Renner seine Schmerzen zu lindern. Von drückenden Stellen in den Gelenken entlastet, fliegen sie dann nur so vom Start. Die unverhofft Siegenden werden gelegentlich auch zur Dopingprobe gebeten und noch gelegentlicher überführt. Kaum aber einmal behelligt man einen mit einer Dopingprobe, der Letzter geworden ist. Man muss dazu wissen, dass Dopingproben eine recht aufwändige und teure Angelegenheit sind, die die Rennveranstalter keineswegs zu jedem

Rennen anordnen, ganz abgesehen davon, dass sie für die Pferde nicht ganz schmerzfrei sind, die Stiche in die Halsvenen. Wenn es nun aber einem Stallburschen in geheimer Mission gelingt, einem heißen Favoriten ein Beruhigungsmittel zuzuführen, dann lassen sich daraus wichtige Informationen für weitere Wettanstrengungen ableiten. In einem Fall ging die Sache freilich nicht ganz auf. Zwar hatte das Pferd das Beruhigungsmittel zu sich genommen, dieses aber irgendwie anders als erwartet verarbeitet. Noch vor dem Start beförderte es den Jockey aus dem Sattel, lief aufgeregt mehrfach um die Bahn und wurde aus dem Starterfeld gestrichen. Die ganze Mühe der sich anbahnenden Wettmanipulation war also vergebens. Zum Erfindungsreichtum der Akteure ist generell so viel zu sagen, dass die durchtriebene Absicht sehr viel seltener Früchte trägt als geplant.

Der wohl ausgebuffteste Deal ereignete sich vor einigen Jahren auf der Trabrennbahn Mariendorf, als in einem so genannten Gästefahren die Unprofessionals der Szene sich über einen Rennausgang verständigt hatten. Dopingproben finden bei einem solchen Gästefahren nicht statt, und auch sonst drückt man bei der Gaudi ein Auge der Gerechtigkeit zu. Die ehrenwerten Gäste trieben es in diesem Falle aber wohl zu toll und wurden für ihr Vergehen bestraft. Sie erhielten Bahnverbot wegen »Schädigung des Ansehens des Rennsports in Öffentlichkeit«, wie es im Jargon der offiziellen Trabrennordnung so schön heißt. So sehr hat der Rennsport freilich nicht Schaden genommen, dass die Täter von damals heute nicht wieder ehrenwerte Rennstallbesitzer mit

Fensterplätzen auf den VIP-Tribünen der Rennbahn wären.

Wir hören Sie nun sagen, dass einem, wenn nur ein Bruchteil von dem zutrifft, was Sie hier lesen müssen, der Spaß am Renn- und Wettgeschehen vergehen müsste. Sie haben Recht, die Sache ist nicht immer lustig. Wenn der Wetter bereits während eines Rennens erkennt, dass das von ihm gewettete Pferd ohne Interessen am Sieg unterwegs ist, dann macht er die schmerzliche Erfahrung, »auf totem Geld zu sitzen«. Das tut weh, ist aber Ansporn genug, die Grundregeln noch schneller zu beherrschen. Ein wichtiges Kapitel zum schnelleren Verständnis des Rennbahngeschehens ist neben den Tricks und Winkelzügen die Sprache der Rennbahn und des Wettens. Eine Grundvoraussetzung für die Gewinn bringende Beschäftigung mit Pferderennen, so kann man schnell hören, ist ein gewisses Phlegma. Pferde, die zu nervig sind, kommen ebenso wenig zum Ziel wie ein Wetter, der nicht geduldig verlieren kann. Doch noch im Moment des Gewinnens kann einiges schief gehen. Aufstecker nennt man Pferde, die schnell beginnen und vor dem Ziel schlapp machen; sie bringen es auch am Wettschalter nicht weit. Zur Freude am Wettrennsport braucht es Steherqualitäten, ein gewisses Durchhaltevermögen für die »Zeiten der Seuche«. Der verlierende Wetter nennt so die Phasen, in denen nichts gelingt. Er ist verseucht oder angeseucht, und beim Vorgang des Spiels dreht es sich weniger ums Gewinnen und Verlieren, sondern allein darum, »aus dem Brand zu kommen«. Der verlierende Wetter ist immer in Gefahr, abzubrennen. Wer »aus dem Brand«, also in die

103

Gewinnzone kommt, der hat das Ärgste schon geschafft. Man kann es vielleicht auch so sagen: Die Metaphernsprache des Spielers gleitet gerade in den Momenten des Verlusts ins Anale ab. Spieler wie wir hören es nicht gern, mit psychologischem Vokabular konfrontiert zu werden. Schon die Psychologen Greenson und Fuller haben darauf hingewiesen, dass der Spielerslang durch anal-bezogene Ausdrücke geprägt ist. Sigmund Freud sah bekanntlich in der Tendenz zur Spielsucht den Ausdruck einer masochistischen Schuldverarbeitung und Selbstbestrafung, die Spielleidenschaft ist so gesehen ein symbolischer Ersatz für den Masturbationszwang. Auf die Lust der höchsten Anspannung folgt Ruhe und der Vorsatz, der Versuchung beim nächsten Mal zu widerstehen. Es kommt zu einem Ringen mit der Impulskontrolle, wobei zuletzt das Gefühl obsiegt, dass dem Impuls nachgegeben werden dürfe.

Wollen Sie mehr dergleichen an dieser Stelle hören oder nicht doch lieber die Geschichte, wie den englischen Buchmacherkonzern Ladbrokes in Berlin das Fürchten gelehrt wurde und dieser daraus den weisen Schluss zog, sich vom Markt der Traber lieber wieder zurückzuziehen? Der Betrug, von dem hier abschließend zu erzählen ist, war keiner und ist demnach als Ansporn zu lesen, mit den ehrlichen Mitteln intelligenter Marktanalyse ans Geld anderer Leute zu gelangen.

Anfang der neunziger Jahre hatte Ladbrokes noch während der letzten Tage der DDR eine Buchmacherkonzession erworben und in der Leipziger Straße ein großes Wettbüro eröffnet. Der internationale Wettriese kannte freilich nicht die Fährnisse der lokalen Traberbranche. Schon wenige Tage nach der feierlichen Eröffnung wurde er maßgenommen. Auf kleinen Rennbahnen wird an Wochentagen wenig gewettet. Das Quotenspiel läuft untertourig. In der Platzwette, also jener Wette, in der eines der drei vorn platzierten Pferde zu treffen ist, wird kaum nennenswerter Umsatz getätigt. Wettet man in dieser Wettart einen Außenseiter mit, sagen wir, 1000 Mark, dann schnellen die Quoten der Favoriten in beträchtliche Höhen. Schon Robert Redford und Paul Newman haben in dem berühmten Film ›Der Clou‹ aus der besonderen Form der Platzwette Kapital zu schlagen gewusst. An jenem Sommertag im Berlin des Jahres 1991 wurden im ersten Rennen gleich mehrere Außenseiter mit hohen Einsätzen in der Platzwette bedacht. Das hatte zur Folge, dass die Kurse für die Favoriten, die das Rennen dann auch unter sich ausmachten, auf beachtliche Höhen stiegen. Von der besonderen Quotenbehandlung erfährt der Buchmacher in seinen Räumen in der Stadt wenig. Da er aber die auf der Bahn ermittelten Quoten auch an seine Kunden auszahlt, kann es hier zu Wettbewerbsverzerrungen kommen. Diejenigen, die hohe Platzwetten auf der Rennbahn abgegeben haben, hatten weit höhere Summen bei Ladbrokes auf die Favoriten abgelegt und so unterm Strich eine beträchtliche Summe eingenommen. Der Trick ist alt, im Rennbahnjargon bezeichnet man den Vorgang als Langmachen. Aus der strategischen Nutzung des unterschiedlichen Wettangebots von Rennbahn und Buchmachern kann es gelingen, einen Gewinn davonzutragen. Was sich in der Theorie recht kompliziert anhört, basiert auf der Verknüpfung zweier

voneinander zu unterscheidenden Wettmärkten. Auf der Rennbahn spielen die Wetter gegeneinander. Die Quoten ergeben sich aus der Totalität aller Einsätze, deshalb heißt die Wettmaschine auch Totalisator. Beim Buchmacher wettet man nicht gegen die anderen Besucher, sondern gegen den Geschäftsinhaber, der mit eigenem Risiko Pferdewetten anbietet. Das Zusammenspiel dieser beiden Akteure hat in der langen Geschichte der Pferdewettrennen bisweilen eine besondere Dynamik hervorgebracht.

Zum Langmachen bedarf es denn auch keiner kriminellen Energie, wohl aber starker Nerven. Rennbahnneulinge, so genannte Engerlinge, sollten es nicht gleich mit derlei Tricks probieren. Die hiesigen Buchmacher haben sich ohnehin mit so genannten Scheinlimits gegen allzu hohe Gewinne der Wetter abgesichert. Es gibt aber noch immer mehr oder weniger redliche Methoden, zum Ziel zu gelangen. Welche die beste ist, verrät Ihnen kein Autor eines Buches, nicht einmal wir.

Am Ende kommt es wie bei allen Leidenschaften vor allem darauf an, nicht »ohne Wetten zu laufen«. »Ohne Wetten« läuft man zwar irgendwie mit, aber keiner kann auf einen setzen. Das kann niemand wirklich wollen. Im Rennen nicht, und im normalen Leben erst recht nicht.

Zurück in den Verliererbus

Im Verlauf der Jahre entwickelt jeder Rennbahngänger Rituale der Vorbereitung auf die Nachmittage seiner Leiden. Für Dieter H. gehört der Samstagnachmittag der ausgiebigen Programmlektüre. Während andere ihr Auto waschen, ins Fußballstadion gehen oder Heimwerkerarbeiten verrichten, wälzt er die Formen der Pferde im Programmheft, gleicht sie mit eigenen Wahrnehmungen ab und schlägt gegebenenfalls im Trabrennkalender nach, jenem Ergebnisprotokoll, das der Hauptverband für Traberzucht und Rennen (HVT), wöchentlich herausgibt. Wenn die Pferde an den Start gehen, ist für ihn bereits alles klar, ein Rennfilm läuft vor seinen Augen ab. Es komme alles darauf an, die Startphase zu antizipieren. Wer übernimmt die Spitze, wer muss in die Todesspur?

Rennen werden zu 90 Prozent im Kopf entschieden. Diese Weisheit gilt nicht bloß für Sportler, sondern auch für Wetter. Mit dem sonderbaren Hobby, bei dem sich alles ums Geld dreht, das eigene und das der anderen, erlebt man unterschiedliche Grade des Dabeiseins.

Manchmal freilich geht es nur noch um das Wegwollen. Es muss dies Elend doch ein Ende nehmen. Von einem Tag auf den anderen war Peter A. nicht mehr da. Als seine Mutter starb, hatte er zunächst viel Behördenkram zu erledigen. Er musste sich um die Beerdigung kümmern, Verwandte riefen an, fragten auch nach seinem Befinden und da fühlte er sich auf einmal hundeelend.

Plötzlich interessierte ihn die Form von Rubinblau nicht mehr, jene elegante Stute, die fast alle ihre Rennen von den Latten aus, so nennt man im Rennbahnjargon die Spitzenposition kurz nach dem Start, gewonnen hatte. Ein paar Wochen lang fragte hier und da noch einer nach Peter A.

Jemand wusste vom Tod seiner Mutter, ein anderer meinte, dass auch sein Vater im Sterben liege. Dann war Peter A. dem Gedächtnis der Mitwetter entwichen. Mit den Schicksalen der anderen hält man sich nicht lange auf. Die nächste Wette ist das nächste Schicksal, dem Aufmerksamkeit geschenkt wird, zu viel Privates lenkt nur ab. Drei Jahre später war Peter A. wieder da. Das Angenehmste, so meinte er später, sei für ihn gewesen, dass niemand danach gefragt habe, wo er in der Zwischenzeit gewesen sei. Er hätte ein paar Jahre auf den Bahamas, im Kloster oder im Knast verbringen können, als er wieder da war, wollten alle von ihm bloß wissen, ob er glaube, dass Hucky Boy eine Chance besitze. Chancen besitzen sie alle. Die Frage nach Chancen ist die blödeste überhaupt.

Kurt H. war ein paar Wochen nicht am Start, warum wusste man nicht so genau. Als er wieder da war, sagte er in lakonischem Ton: »Meine Alte is jestorben, aber es hat nicht lange gedauert. Was meinste, jewinnt Geraldine heute?« Der Baron, den alle so nannten, und von dem kaum einer wusste, dass er tatsächlich einer war, aus Riga, erhielt sogar einen kurzen Nachruf im Rennprogramm. Er litt an der Parkinsonschen Krankheit und war eines Tages unglücklich gestürzt. Er starb binnen weniger Tage an den Folgen einer Kopfverletzung. Zum ersten Derby nach seinem Tod veranstalteten seine Freunde einen privaten Tipp-Wettbewerb in Erinnerung an ihn, eine Art Baron-Memorial. Der Baron vermochte sich zu jedem Derby stets über das schier ununterbrochene Geschwätz der Rennkommentatoren aufregen. Er hatte Leserbriefe geschrieben und persönlichen Kontakt zum Vereinsvorstand gesucht. Aber die redeten ja alle selber so gern. »Alles fiebert, wo bleibt Siebert«, hatte der Kabarettist Wolfgang Gruner gerufen. Siebert ist ein Vereinsfunktionär, der kein Mikrofon unbesprochen lassen kann.

Zwei Jahre vor seinem tödlichen Sturz war der Baron schon einmal auf der Rennbahn gestürzt. Als man ihn zur Behandlung einer kleinen Kopfwunde in den Sanitätsraum brachte, wollte er anschließend nur wissen, ob Germane, den er mit 100 Mark Sieg gewettet hatte, auch tatsächlich gewonnen hatte. Die mondäne Eleganz, die man der Rennbahn andichtet, hat sie nie wirklich besessen. Schon eher ist sie ein Kuriositätenkabinett aus skurrilen Gestalten, die jene, die hinzuschauen verstehen, mit der Zeit lieben lernen. Wer regelmäßig kommt, erwartet keinen Glanz. Die Werbestrategien der Rennvereine entlarven sich denn auch meist schon mit ihren hilflosen Werbephrasen. Mit dem Satz »Jede Wette Spaß« glaubte ein Manager, der ursprünglich aus der Pharmaindustrie kam, dem Sport auf die Sprünge helfen zu müssen. Dass man auf der Rennbahn mit vielem zu tun hat, aber garantiert nicht mit Spaß, konnte der Mann, der nie selbst gewettet hatte, nicht wissen.

In der Derby-Woche 2000 sprach der Bahnsprecher auf der Trabrennbahn Mariendorf in einem selbst auferleg-

ten Euphemismus immerzu von der Kaiserlich Endell-
schen Tribüne, auf der sich all jene Logenplätze erkau-
fen konnten, die sich in einer Rolle der Elite der Rennbahn hinein imaginierten. Dass der Trabrennsport in
seiner durchaus beachtlichen Geschichte nie kaiserli-
che Weihen oder auch nur einen schnöden Besuch von
Angehörigen des hohen Hauses erlangt hat, ist den
Funktionären des Vereins mit der Zeit entfallen. Der
Architekt August Endell, der neben den nun wieder
restaurierten Hackeschen Höfen in Berlin auch die
wunderbare Tribüne der Trabrennbahn Mariendorf mit
dezenten Jugendstilimplikationen versehen hat, war
Kaiser Wilhelm II. als Repräsentant einer künstleri-
schen Entwicklung geradezu verhasst. Der Verleger
Bruno Cassirer, der mit privatem Geld die Errichtung
der Trabrennbahn Mariendorf unterstützt hatte, war als
Kunsthändler und Förderer der französischen Impressionisten ein Gegner des Kaisers. Aber ein Gespür für
die eigene Tradition war den Rennveranstaltern seit
jeher gleichgültig. Dass die Kaiserlich Endellsche
Tribüne eine ausgesprochen bürgerliche Einrichtung
war und es sein wollte, taucht man heute gern ins ange-
berisch Mondäne, das sich nicht lange mit der eigenen
Unwissenheit abgibt. Mit all den Faktoten, die Woche
für Woche wieder kommen, haben die Fiktionalisierun-
gen der Rennbahn wenig zu tun. Gewinne kommen,
Gewinne gehen, Verlierer kommen wieder. Andreas G.
war fünf Jahre nicht da. Er hatte nicht nur viel Geld verspielt, sondern sich immer wieder auch an neuen
Geschäften versucht. Er war einer jener nachgeborenen
Ostdeutschen, die kein schlechtes Gewissen hatten,

wenn sie die Marxschen Kapitalgesetze konsequent umzusetzen versuchten. Aber immer lief irgendwas schief. Andreas G. kam nie recht nach vorne. »Wie geht's?«, fragte ich, und wusste gleich, dass man das auf der Rennbahn nicht ungestraft fragt. »Na, super«, sagte er und verwies auf eine Anzeige im Programmheft, wonach er in einen dubiosen Zigarrenvertrieb eingestiegen war. Dabei hatte er nur sagen wollen, dass die letzte Pleite längst vergessen ist. Schnee von gestern. Umblättern zum nächsten Rennen.

Man kann jedoch nicht immer nur an das nächste Rennen denken, also entschlossen wir uns, ein wenig vom Wettetat in Kunst zu investieren. Ein entfernt bekannter Maler, der vor allem als Illustrator bekannt gewordene Michael S., hatte uns zu einem Besuch in sein Atelier eingeladen. Viel habe er gar nicht da, sagte er noch, erst kürzlich habe ihm ein Galerist aus Bad Vilbel einiges abgekauft. Wir schauten uns um, das ›Schwein in der Suppe‹ war nicht mehr da, aber noch immer schien Michael S. eine Vorliebe für Tiergeschichten zu haben. Tiere. Irgendwann fiel auch das Wort Pferd. Dann das Wort Rennen.

Michael S., der angesehene Maler und solide Familienvater, war einmal ein harter Zocker, der zwischen München und Berlin kaum ein Rennen auszulassen vermochte. »Manchmal bin ich mit dem letzten Geld hin, es musste einfach weg«, sagte er mit der Gewissheit, die Sache weit hinter sich gelassen zu haben. Wenn das Geld weg war, musste er zwei Nächte lang malen in der Hoffnung, ein paar Bilder verkaufen zu können. »Wer wettet«, so Michael S., »lernt den Wert des Geldes auf

neue Art kennen. 500 Mark auf Sieg, und die Vorstellung, 20 Pfennig im Supermarkt zu sparen: Das geht nie wieder zusammen.« Mehr als 20 Jahre hat Michael S. auf Rennbahnen verbracht, oft mit einem Freund, einem Verleger, nicht selten auch allein. »Irgendwann kennt man die Leute, die am Nebentisch hocken. Keiner gewinnt, aber alle wissen sie, wo es langgeht.«

Der Maler S. hat irgendwann abgelassen. Man hört auf, so wie mit dem Rauchen. Dem einem macht es keine Probleme, andere brauchen immer wieder noch einmal einen Zug. Aber die Erzählung von den Rennen und das Leben damit kommt zu einem Ende. Man beginnt sich zu ärgern. Der Verlust des Geldes ist das wenigste. »Die blöden Sprüche der Kommentatoren, dumme Werbung zwischen den Rennen und die dumpfe Ahnung, vom Mannschaftszeitfahren der Rennställe auf die Rolle genommen zu werden. Plötzlich hatte ich die Nase voll.«

Michael S., der heute nicht einmal fünf Kilometer Luftlinie von der Trabrennbahn Mariendorf entfernt wohnt, beteuerte, seit fünf Jahren auf keiner Rennbahn mehr gewesen zu sein – schließlich habe er keine Lust mehr, durch verbotene, stallinterne Absprachen geprellt zu werden. Er wusste nicht einmal, dass an dem Wochenende, an dem wir sein Atelier besuchten, die Derby-Woche 2000 in Mariendorf begonnen hatte. Aber das Feuer loderte noch. Im Gespräch über vergangene Rennbahnzeiten hatte er bald vergessen, dass er uns Bilder zeigen wollte. Ob wir uns noch an Mindy erinnern können, wollte er wissen. Die Stute, die später kaum noch ein Rennen gewinnen konnte, hatte ihm einen gigantischen Gewinn beschert. Ach, Mindy. Inka

Mauritz. Und Icandoit, die das Stuten-Derby verknallt hat. Hoch spritzt der Dreck, das Geld ist weg, heißt es unter Zockern. Der Maler S., der eben einen lukrativen Werbeauftrag für einen englischen Batteriehersteller abgeschlossen hat, weiß nur zu genau, was es heißt, zur Hälfte des Monats den Dispokredit zu überziehen. »Manchmal bin ich während eines Renntages zum Geldautomaten an der U-Bahn gerannt und wieder zurück. Ich wusste, dass Zyanstar nicht verlieren konnte.«

Als wir das Atelier verließen, regnete es draußen in Strömen. Michael S. erinnerte sich des Verliererbusses, der eine Version des Brandtschen Narrenschiffes ist. Das Geld ist verspielt, es bleibt nur noch der öde Heimweg mit dem Bus, in dem sich alle noch einmal die Geschichten ihrer Beinahegewinne und ihre Verschwörungstheorien vom Betrug erzählen. Kein Geld fürs Taxi, im Kühlschrank bloß noch das Frühstück für den nächsten Morgen. Mit einem Euroscheck ließe sich vielleicht Geld abheben, um es umgehend auf das Konto wieder einzuzahlen. Für einen Renntag genügte schon etwas Zeitvorsprung. Bloß nicht riskieren, dass die Miete nicht überwiesen wird.

Irgendwann war Schluss, nie wieder Verliererbus. Wenn das kein Lebensziel ist. Als Michael S. uns verabschiedete, nannten wir ihm noch die Anfangszeit der Renntage zum Derby. »Mal sehen. Die Rennen in der Derby-Woche sind wenigstens ehrlich.«

Am Freitag trafen wir ihn dann. Er hatte, wie früher, seinen Platz auf der Robinson-Tribüne eingenommen. An einer Wette, die ihm 8000 Mark Gewinn eingebracht

hätte, war er knapp gescheitert. Im letzten Rennen kam es noch dicker. 72000 für 10 Mark Einsatz lautete die Eventualquote. »Auf den Sieger hatte ich etwas Bock, aber der Gebhardt hat schon früher selten gewonnen.«

Als wären wir alte Freunde, gingen wir in Richtung Ausgang. Wir nahmen das Fahrrad, er steuerte auf den Verliererbus zu. »Den Weg kenne ich noch. Schön, mal wieder da gewesen zu sein. Das reicht erst mal wieder für eine Weile.«

Der Maler S. hatte es gut. Das Derby kam erst noch. Tom Waits ging es schlechter. »I'll break down at the derby« lautet eine Liedzeile seines Stücks ›Jockey full of Bourbon‹. Dabei gab es diesmal einen Favoriteneinlauf: eine Volkswelle.

Glossar

Ableuchten nennt man in der Sprache der Rennbahner das genaue Inspizieren eines Pferdes während der Trainingsarbeit. Wer ableuchtet, geht davon aus, dass die verfügbaren Informationen über das Pferd noch einiges im Dunkeln belassen. Die Philosophie der Rennbeobachtung lebt davon, dass über die schnöde Tatsache hinaus, dass ein Pferd schneller läuft als das andere, noch weitere Rätsel zu lösen sind. Nicht wenige unterstützen ihren Drang zur Beobachtung freilich mit einer Stoppuhr. Ableuchten kann aber nur der, dem schon ein Licht aufgegangen ist.

Aufstecker ist die Bezeichnung für ein Pferd, das schnell beginnt und bis kurz vor Schluss die Führung innehat, um dann geschlagen alle oder doch die meisten Teilnehmer ziehen zu lassen. Als Aufstecker bezeichnet man freilich auch den Wetter, dem zur entscheidenden Wette der Mumm fehlt.

Blender ist der Ausdruck für ein Pferd, das aussieht, als werde es alle Gegner in Grund und Boden laufen, schlussendlich aber alle vorlassen muss. Der Blender ist freilich auch eine Fantasie derjenigen, die glauben, aus Körperbau und Bewegung eines Pferdes weit reichende Schlüsse für den Ausgang eines Rennens ziehen zu können.

Buchmacher sind private Konzessionäre, die auf eigenes Risiko Wetten anbieten. Historisch ist der Begriff hervorgegangen aus der Tätigkeit von Vertrauten der vornehmen Rennclubs, die ihre Wetten untereinander in ein Buch eintragen ließen. Sie waren zunächst reine Buchhalter, die nach jeder eingegangenen Wette die Kurse der Pferde neu berechneten. Die heutigen Buchmacher sind Unternehmer innerhalb der Wettbranche, die mit eigenem Risiko Wetten anbieten. Am Totalisator auf der Rennbahn (siehe Totalisator) wettet man mit und gegen die anderen Wetter. Beim Buchmacher wettet man gegen den Buchmacher. Die ökonomische Basis des Gewerbes besteht in der Grundannahme, dass es immer mehr Verlierer als Gewinner gibt.

Catchdriver nennt man einen Fahrer, der nicht als Trainer für ein Pferd verantwortlich, sondern ausschließlich für eine Fahrt verpflichtet worden ist. In den USA hat sich der Pferdesport weitgehend in professionelle Trainer und Fahrer ausdifferenziert. Auch Pferdewetter wissen um die Qualitäten einzelner Rennfahrer und beziehen ihre Einschätzungen in die Wette mit ein.

Derby geht zurück auf ein klassisches englisches Galopprennen, bei dem das Pferd des Lord of Derby als Sieger das Geläuf verließ. Heute bezeichnet man hoch dotierte Jahrgangsrennen als Derbys. Im Galopp- wie im Trabrennsport sind die höchstdotierten Rennen für Dreijährige der Höhepunkt der Saison. Am ersten Juli-Sonntag findet in Hamburg-Horn das Galopp-Derby statt, während vier Wochen später in Berlin-Mariendorf am 1. Augustsonntag das Traber-Derby an der Reihe ist. Das 1. Traber-Derby fand bereits 1895 in Berlin-Westend statt.

Eine **Dreierwette** ist die riskanteste Pferdewette, bei der es darauf ankommt, die drei vorn platzierten Pferde in der richtigen Reihenfolge vorherzusagen. Neben dem Sieger muss man also auch den Zweiten und den Dritten eines Rennens voraussagen. Die reellste Wette ist die **Siegwette**, bei der der Sieger vorhergesagt werden muss. Bei der **Platzwette** reicht es aus, eines der vorn platzierten Pferde zu treffen. In der **Ita-Wette** muss man genau den Zweiten tippen, während in der **Trita-Wette** die Kunst darin besteht, vorauszusagen, wer Dritter wird. Die beiden letztgenannten Wetten werden ausschließlich in Buchmacherbüros angeboten.

Eventualquoten auf den auf der Rennbahn ausgehängten Bildschirmen zeigen dem wettenden Publikum, was ein Pferd an Gewinn auswerfen würde, wenn es bei einer erfolgreichen Wette als Sieger einkommt. Der **Formenspiegel** im Rennprogramm weist für jeden der letzten fünf Starts eines Pferdes eine Eventualquote aus, nach der man bei der Beurteilung dieser Papierform einschätzen kann, wie chancenreich das Pferd in den letzten Rennen bewertet worden ist.

Fieldboard nennt man die große Anzeigentafel im Innenbereich einer jeden Rennbahn, auf der die Ergebnisse und die Quoten angezeigt werden.

Heat nennt man die Aufwärmarbeit eines Pferdes vor einem Rennen. Der amerikanische Traberexperte Wilson Woodrow hat als einer der Ersten dargestellt, dass Rennpferde vor einem Rennen wie menschliche Sportler auch Lockerungsübungen machen müssen. Der irische, in Berlin lebende Trabertrainer Charlie Mills hatte die Methode des Heat-Trainings von USA-Besuchen mit nach Europa gebracht und so den Trabrennsport hierzulande revolutioniert. Dass auch Pferdewetter ihren Heat brauchen, kann man daran ablesen, dass die Wettzeitung in Dinslaken, Gelsenkirchen, Mönchengladbach und Recklinghausen ›Heat‹ heißt.

Eine **Kopfwette** kennzeichnet eine Einlaufwette, die mit hohem Einsatz auf exakt einen möglichen Einlauf der Pferde abzielt. Im Gegensatz zur
Kombinationswette, bei der zahlreiche Möglichkeiten durchgespielt werden, heißt es bei der Kopfwette »alles oder nichts«.

Nichtstarter wird ein Pferd genannt, das bereits in einer Starterliste aufgeführt ist, im Rennen dann aber nicht zum Einsatz kommt.

Ohne Wetten (O.W.) heißt es im Rennprogramm, wenn ein Pferd am Rennen teilnimmt, auf das der Wetter keinen Einsatz ablegen kann. Trainer oder Besitzer können ihre Pferde auf diese Weise vom Wettmarkt ausschließen, wenn sie sich beispielsweise über den Gesundheitszustand eines Pferdes nicht im Klaren sind. Die Maßnahme wird in der Regel als Schutz der Wetter verstanden. Der Rennveranstalter kann ebenfalls verfügen, dass ein Pferd ohne Wetten läuft, wenn er vermutet, dass ein Pferd, aus welchen Gründen auch immer, nicht regulär am Wettmarkt zu taxieren ist. Im Rennbahnjargon ist die Redewendung »XY läuft ohne Wetten« im übertragenen Sinn auch eine liebevolle Umschreibung dafür, dass einer nicht ganz ernst zu nehmen ist.

Outcross ist in der Sprache der Pferdezucht ein Hengst, der nach den Kreuzungsregeln eine Sonderstellung einnimmt. Da nach den Gesetzen der Leistungspferdezucht gezüchtet wird, folgt man den Erfolgslinien. Der Rückgriff auf so genannte Outcrosshengste ist eine Selbstkorrektur des Zuchtsystems, über das einstmals bewährte Blutlinien wieder eingeführt werden können. Im Pferdezuchtsystem spielt der Outcross eine Art Wächterrolle, die vermeiden soll, dass man sich auf einige wenige Blutlinien festlegt. Im übertragenen Sinn ist der Outcross einer, der mit ungewöhnlichen Methoden seinen Weg zum Erfolg sucht.

Pedigree heißt die Aufstellung eines Stammbaumes oder einer Ahnentafel, in der alle Vorfahren des Trabers verzeichnet sind.

Schiebewetten bieten ausschließlich die Buchmacherbüros an. In dieser Wettart werden mehrere Wetten zu einer einzigen zusammengefasst und miteinander multipliziert. Der Wetter muss sich zuvor festlegen, wie viele Wetten er aufeinander schieben will. Ein einmaliger Einsatz geht auf mehrere Wetten. Im Gewinnfall geht der Gewinn auf die nächste Wette usw. Das Spiel ist freilich aus, wenn eine Wette scheitert.

Die **Todesspur** bezeichnet die Rennposition eines Pferdes, das während eines Rennens dauernd in der äußeren Spur neben dem Führpferd laufen muss. Dieser Weg führt selten zum Sieg, deshalb der düstere Name.

Totalisator heißt die Wettmaschine, die in den späten Jahren des 19. Jahrhunderts mit großem Rattern die Wettscheine wie Fahrkarten bei der Bahn ausstanzte. Heute ist die Totalisatorwette die vorherrschende Wette in der Branche. Und natürlich rattert nichts mehr. Beim Buchmacher wie auf der Rennbahn verrichten hochwertige Computersysteme die Ausrechnung der Quoten. Vor dem Totalisator sind alle gleich, das heißt, die eingezahlten Wetten werden so umgerechnet, dass die Gewinne im Verhältnis der gesetzten Anteile abzüglich der Steuer und Rennvereinsgebühren zurückgezahlt werden. Von jeder gewetteten Mark werden etwa 30 Prozent abgezogen. Aus diesen Einnahmen bezahlen die Rennveranstalter die Rennpreise und die Betriebskosten der Rennbahn. Der Totalisator ist ein ergänzendes Angebot zu den Wetten der Buchmacher.

Verliererbus heißt im Rennbahnjargon jenes öffentliche Verkehrsmittel, das am Ende eines Renntages die Wetter zurück in ihre Wohnbezirke fährt. Wer hier einsteigt, hat sich das Taxi für die Heimfahrt nicht erspielen können. Zur Strafe muss er sich die zahlreichen Geschichten der Beinahegewinne und all die Flüche über den Betrug auf der Rennbahn in mehrfacher Ausführung anhören. Das Bekenntnis der Mitfahrer, nie wieder zu kommen, steht in deutlichem Widerspruch zu der Tatsache, dass fast immer dieselben Leute mitfahren.

Kleine Philosophie der Passionen

Zum Selberlesen und Verschenken – für alle,
die bereits einer Leidenschaft erlegen sind oder
ihre wahre Passion noch suchen

Frank Lämmel
Autofahren
dtv 20164

Heiner Geißler
Bergsteigen
dtv 20039

Eva Gesine Baur
Dessous
dtv 20265

Gabriele von Arnim
Essen
dtv 20215

Barbara Bronnen
Friedhöfe
dtv 20096

Johannes Dräxler
Harald Braun
Fußball
dtv 20162

Peter Würth
Gärtnern
dtv 20036

Bernd C. Sucher
Gäste
dtv 20097

Bernd Schroeder
Handwerken
dtv 20267

Elfriede Hammerl
Hunde
dtv 20037

Renate Just
Katzen
dtv 20095

Ulrich Pramann
Laufen
dtv 20161

Kleine Philosophie der Passionen

Zum Selberlesen und Verschenken – für alle,
die bereits einer Leidenschaft erlegen sind oder
ihre wahre Passion noch suchen

Kleine Philosophie der Passionen

Thomas Karlauf

Wein

dtv 20216

»Der wahre Weinfreund lebt in einem fortwährenden Zwiespalt: trinken oder nicht trinken, und wenn ja, wann? In einem guten Keller – 500 bis 1000 Flaschen, angelegt auf eine Trinkdauer zwischen drei und fünfundzwanzig Jahren – reduziert sich das Problem auf ein paar Einzelflaschen, der Rest ergibt sich aus der Logistik des Nachschubs. So weiß ich seit Jahren, welche Flaschen zur Jahrtausendwende dran glauben müssen, und es beruhigt mich, daß auch bereits für meinen 75. Geburtstag gesorgt ist. Ein Problem freilich habe ich noch nicht gelöst. Wenn ich noch selber alles austrinken will, werde ich eines Tages aufhören müssen, neue Kisten zu bunkern. Da ich jedoch nicht weiß, an welchem Tag ich das Glas für immer aus der Hand gebe, trinke ich meinen Vorräten lieber eifrig hinterher, als daß ich Gefahr laufe, im Alter auf dem Trockenen zu sitzen, vertraue im übrigen auf meinen Hausarzt und vermache den Rest meinen Erben.«

»**Auf sehr unterhaltsame Weise erzählt Thomas Karlauf von seiner Passion, dem Wein, stellt seinen bevorzugten Weinhändler und seinen Lieblingswinzer vor, lädt auch zu einem kulturhistorischen Exkurs in die wunderbare Welt des Weins ein. Eine Welt, die voller Geheimnisse ist, viele Freuden bereithält – zuweilen aber auch Leiden.«**
Berliner Morgenpost

dtv

Kleine Philosophie der Passionen

Gabriele von Arnim

Essen

dtv 20215

»Gabriele von Arnim macht Lust aufs Essen, auf das Nachdenken über Essen, auf die Zeit vor und nach dem Essen – sie macht Lust auf Genuß.«
Geniessen & mehr

»Mit dem Frühstück beginnt man den Tag, und die Malaise beginnt schon mit dem Wort. Allein um es auszusprechen, muß man die Lippen so unsinnlich geschürzt und gespitzt verwölben und einen so unerquicklichen Zischlaut ausstoßen, dem unmittelbar ein hinten im Mund, aber noch nicht im Hals angesiedeltes Keckern zu folgen hat, daß einem der Appetit glatt vergehen könnte. Es ist ein häßliches Wort, das einen häßlichen Mund macht, wenn man es sagt. Ein Wort so ganz ohne Fülle und Laszivität, bei dem man nicht vor-, nicht hin- und schon gar nicht nachschmeckt. Früh-Stück, wer will schon in der Frühe ein Stück zu sich nehmen. Das klingt doch ganz nach harter Kante, nach müdem Draufherumgekaue, nach perfekter Lustlosigkeit.

Ich brauche ein Frühstück. Nicht irgendeins, sondern das richtige. Und genau da beginnt mein Problem. Denn ich weiß nie, wann welcher Geschmack der richtige ist. Und wenn ich falsch schmecke am frühen Morgen, dann ist der Tag gelaufen für mich. Ich spüre es sofort auf der Zunge, im Hals, in der Seele, wenn der erste Biß am Morgen nicht stimmt. Panik zieht ein. Denn ich weiß: Es gibt keine zweite Chance für den ersten Biß.«

dtv

Kleine Philosophie der Passionen

Heiner Geißler
Bergsteigen
dtv 20039

»…ein anekdotischer Querschnitt aus dem Bergtagebuch eines liebenswerten Exzentrikers: gleichzeitig eine Standortbestimmung des modernen Bergsteigers, der die Berge braucht, damit er die Zivilisation da drunten ertragen kann.«
Süddeutsche Zeitung

»Bergsteigen ist ein Abenteuer. Es gehört wahrscheinlich zu den letzten großen Abenteuern, die heute auf der Erde noch möglich sind. Es ist eine immer wieder faszinierende körperliche und seelische, geistige und charakterliche Herausforderung. Es ist, wie gesagt, Leistungssport in wilder und schöner Landschaft, in unmittelbarer Berührung mit der Erde und ihren Pflanzen, mit Fels und Eis in ständiger Abhängigkeit und Beobachtung von Sonne und Mond, den Sternen, dem Wetter, den Wolken am Himmel. Es fordert Können, Umsicht, Solidarität, Moral und Beherrschung der Technik, aber es sollte ein Abenteuer sein, das das Leben schöner macht und nicht vernichtet.«

»Man erfährt viel in diesem kleinen Buch: über das Bergsteigen – und über den Menschen Geißler. Ein guter Tip für Bergfreunde und Politikinteressierte.«
Westfälische Nachrichten

dtv